华夏文库·佛教书系

天上人间

敦煌艺术

陈明 著

大地传媒　中州古籍出版社

《华夏文库》发凡

毫无疑问，每一个时代都有属于自己时代的精神追求、文化叩问与出版理想。我们不禁要问，在 21 世纪初叶，在全球文明交融的今天，在信息文明的发轫初期，作为一个中国出版人，我们正在或者将要追求什么？我们能够成就或奉献什么？我们以何种方式参与全球化时代的文化传播进程？在一连串的追问下，于是，有了这套《华夏文库》的出版。

自信才能交融。世界各大文明在坚守自身文化个性的同时，不约而同地加快了探视其他文化精神内涵的步伐，世界不同文明正在朝着了解、交流、碰撞、借鉴与融合的方向前进。在此背景下，建立自身的文化自信，正是与世界各文明民族进行文化交流的基本要求。五千年中华文明与文化正在不断地被其他文明所发现、所挖掘、所认知，汉语言正在生长为世界语言，儒文化正在世界各地生根发芽。

借助这样一种正在成长着的文化自信、自觉、开放、亲和之力，用我们这个时代的学术眼光全面系统梳理中华五千年的文明与文化，向其他各大文明与文化圈正面展示自我，让中华优秀文化成为世界文化的重要组成部分，正是我们出版这套文库的目的之一。此其一。

知己才能知彼。身处五千年文化浸润的今天，重新思考我们先人的人生思考、价值思考与哲学思考，找到一个民族、一个国家的价值所在、立命所在、安身所在，这已经是我们这个时代的学人与出版人不得不再思考的问题。作为中华文明的一分子，我们在思考的同时，还必须了解我们的先人创造了如何优秀的精神文明与物质文明以及社会文明。只有熟知自己的文化，热爱自己的文化，悟明自己的文化，我们才能宣说自己、弘扬自己、光大自己。因此，我们策划组织这套《华夏文库》的初衷，还在于让当下的知识青年全面系统瞭望中华文明与文化的全景，并借此能够对更为深广的世界各民族文化提供一个比较认知的基础。此其二。

顺势才能有为。我们正处在农耕文明、工业文明、信息文明的交汇处，信息文明带领我们从读纸时代进入读屏时代，以智能手机屏幕为代表的书籍呈现方式正在与纸质书籍争夺阅读时间与空间。我们正在领悟数字技术，正在以信息文明的视角，去整理、分析和研究农耕文明与工业文明的文化遗产，不仅仅是为了唤醒优秀的传统文化，我们还在生发和原创着当今时代的文化。由此，我们试图架起一座桥梁——由纸质呈现而数字呈现，由数字呈现而纸质呈现，以多媒介的书籍呈现方式，将文字、图像、声音与视频四者结合，共同筑成《华夏文库》以奉献给信息文明时代的新读者。此其三。

总之，这是一套——专家大家名家写小书；以最小的阅读单元，原创撰写中华精神文化、物质文化与社会文明系列主题与专题；以图文、音视频多媒介呈现的方式，全面介绍与传播中华文明与优秀文化，系统普及与推介中华文明与文化知识；主旨是为了让世界与中国共同了解中国的——大型丛书，借此，复兴文化，唤起精神，融入世界。

耿相新

2013 年 6 月 27 日

目 录

一 塞外奇观

1. 两关遗迹 ·············· 2
2. 沙岭晴鸣 ·············· 4
3. 月泉晓澈 ·············· 6
4. 古城晚眺 ·············· 8
5. 千佛灵岩 ·············· 9

二 千佛之窗

1. 敦煌壁画的发展 ·············· 12
2. 敦煌壁画的特点 ·············· 16
3. 本生故事壁画 ·············· 21
4. 经变故事壁画 ·············· 30
5. 敦煌壁画中的菩萨及天王、飞天 ·············· 41
6. 现实生活壁画 ·············· 58
7. 关于科技及天文、地理的壁画 ·············· 67

三 泥彩塑像

    1 敦煌泥彩塑像的发展 …………………… 72

    2 敦煌泥彩塑像的特点 …………………… 80

    3 敦煌彩塑的保存和研究 ………………… 85

四 敦煌的装饰工艺

    1 敦煌装饰工艺的发展 …………………… 90

    2 敦煌装饰工艺的特点 …………………… 95

五 皇皇巨著

    1 藏经洞 ……………………………………105

    2 宗教经典 …………………………………113

    3 医药天文 …………………………………116

    4 官私档案 …………………………………119

六 今天的敦煌及其保护

小知识目录

鸣沙山响声形成的原因 5
莫高窟的传说 10
供养人 15
本生故事画 28
本生故事与本缘故事的区别 28
本生故事中的释迦牟尼形象 29
菩萨的含义 57
螺顶 57
飞天形象的来源 57
张议潮 66
犍陀罗国的范围 78
藻井 78
三世佛 79
三身佛 79
北魏孝文帝改革 84
"曹衣出水" 84
林徽因 103
陈寅恪 112

一 塞外奇观

地处塞外的敦煌南枕气势雄伟的祁连山，西接浩瀚无垠的塔克拉玛干大沙漠，北靠嶙峋蜿蜒的北塞山，东依峰岩突兀的三危山。奇异的自然景色为敦煌平添了几分神秘和雄伟。在群山环抱的天然盆地中，党河的雪水滋润着这里的肥田沃土，绿树浓荫挡住了呼啸而来的黄沙，千里荒漠在落日的照耀下显得神秘莫测，夜色下的戈壁则光怪陆离，呈现出一幅令人惊叹的塞外奇观。

1. 两关遗迹

两关是指阳关和玉门关。阳关位于敦煌西南 70 公里外，自古就是丝绸之路西出敦煌，通往西域的必经之路，因为在玉门关的南面（古人以山南水北为阳），所以叫作阳关。阳关建于公元前 107 年左右，曾设专门的管理人员，自汉至唐，一直是丝路南道上的必经关隘。古阳关向北至玉门关一线有 70 公里的长城相连，每隔数十里即有烽燧墩台，阳关附近也有十几座烽燧。

在敦煌西北 90 公里处，是两关中的玉门关。玉门关是因西域输入玉石时取道于此而得名。隋唐时期的玉门关已经由敦煌西北迁到了敦煌以东的晋昌县境内。629 年，著名僧人玄奘法师去往天竺（今印度）求经，就曾跨过玉门关。

两关建立以后，中原与匈奴的联系彻底被割断，为保卫疆土，西汉政府先后移民 100 多万人到河套和河西走廊一带垦荒屯田，使河西地区呈现出繁荣的景象。多少年来，无数商贾、僧侣、使臣、游客经这里验证过关；多少年来，无数文人墨客面对这巍然耸立的两关感慨不已，留下千古流传的诗句。

岁月沧桑,昔日的繁华渐渐被荒漠与流沙所掩埋,如今的两关只剩下悲凉孤寂的土堆,极目望去,大漠苍茫,残垣断壁在夕阳的照耀下,散发出血一般的光芒,令人油然而生凄凉之感。

甘肃敦煌阳关遗址
曾经雄伟的关隘,在风沙的侵蚀下,已经斑驳不堪,留下了一段残缺的历史记忆。如今我们再看到这个充满历史感的景象时,1000多年来的血与火的沧桑不禁又一次让我们心潮难平

2. 沙岭晴鸣

在敦煌市南郊约7公里处，是著名的鸣沙山。古称神沙山、沙角山。全山系沙堆积而成，东西长约40公里，南北宽20公里，高数十米，山峰陡峭，势如刀刃。几千年来，鸣沙山横卧在敦煌城南，如一条蜿蜒曲折的巨龙守卫着敦煌。在鸣沙山的旁边，是一泓半月形的清泉，与山相映成趣，清丽可人。

鸣沙山的沙粒有红、黄、绿、白、黑五种颜色，因此又被称作"五色山"。当人们从山上往下滑时，山上的沙浪便如同山洪滚滚而下，还会发出阵阵响声，初如丝竹管弦，接着便像战鼓雷鸣，犹如羌笛奏乐，动人心魄，令人回味无穷。鸣沙山的鸣响之谜有很多解释，有研究认为，沙丘下面有一潮湿的沙土层，风吹沙粒振动，声响可引起沙土层共鸣，鸣沙山因此而得名。

甘肃敦煌莫高窟"九层楼"
莫高窟"九层楼"是为了保护莫高窟的壁画免受风沙侵蚀而建造的。始建于初唐武则天时期（695年），初为4层建筑，后经历朝历代重建而成9层。现存窟檐建于1928年至1935年

小知识◎鸣沙山响声形成的原因

中外科学家对鸣沙山响声形成的原因大致有三种解释。

第一，静电原因。有人认为鸣沙山的沙粒在人或风的推动下发生运动，含有石英晶体的沙粒互相摩擦产生静电，静电在放电时就产生了我们所听到的声响。

第二，沙粒摩擦的缘故。有研究认为，鸣沙山的沙粒特别干燥，在天气炎热的时候稍有摩擦就会发出声音。

第三，共鸣的缘故。有人认为，沙山之间形成一个个壑谷，流沙运动时发出声响，经过这个天然的"共鸣箱"的共鸣，就形成我们所听到的巨大轰鸣声。

3. 月泉晓澈

在鸣沙山下，有一泓洼月牙形的泉水，古称沙井，俗名药泉。站在鸣沙山上往下俯瞰，可见波光粼粼的月牙泉含情脉脉，光彩照人。在夜月的映照下，更显得楚楚动人，因而得名"月泉晓澈"。月牙泉南北长近100米，东西宽约25米，泉水东深西浅，最深处约5米，弯曲如新月，因而得名，有"沙漠第一泉"之称。

1000多年来，月牙泉不为流沙所淹没，不因干旱而枯竭，宛如一弯新月，镶嵌在漫漫黄沙之中。想必只有造化之神功，才能造就这谜一般的奇景，引发世人无限的遐想。月牙泉里有两样生物最值得称奇，一是铁背鱼，二是七星草。铁背鱼因其背部呈黑色而得名，据说这种鱼可医治一些疑难杂症，而七星草则是难得一见的保健中草药。七星草的花朵很小，每年六七月间盛开，花开时，如同夜幕中的点点繁星，令人过目难忘。

甘肃敦煌，鸣沙山月牙泉风景区
在鸣沙山的怀抱中，月牙泉宛如一块碧绿的美玉，镶嵌在黄色的沙漠中，显得格外动人

4. 古城晚眺

敦煌古城距今已有2000多年的历史，据考证推测，建于公元前11年，当时的敦煌城外筑有土河、塞城以及水利枢纽。

敦煌古城现仅存南、北、西三面断续残垣。东面的城垣早已被大水冲坍，在党河西岸河床上可找到部分基址。据残垣遗迹推测，敦煌古城南北长约1132米，东西宽约718米。古城的建设就地取土，层层夯筑，夯层厚达12厘米，垣基宽6至8米，残高4米许。在古城的四角筑有高大的角墩，现今仍存有16米高。敦煌古城经西凉、唐代两次加固维修，曾经是繁荣一时的西部重镇，现在看来也可以想见当初的繁华。

现在的古城早已没有了往日的繁华和辉煌，在落日的余晖下，残存的城垣如同落寞的丽人，在血色黄昏中独自伫立，供人凭吊。

5. 千佛灵岩

敦煌壁画存在于包括敦煌莫高窟、西千佛洞、安西榆林窟等各个洞窟之中，这几个石窟群的壁画总共有5万多平方米。西千佛洞因其位置在敦煌莫高窟之西而得名。西千佛洞的开凿时间很早，至少在莫高窟开凿时就已经开始了，其结束时间应在北宋。西千佛洞现有洞窟16个，其中第1至第3窟为唐代时期的窟，第4至第8窟为北魏时期的窟，第16窟为晚唐时期的窟，其壁画的艺术风格与莫高窟大致相同。安西榆林窟位于安西县城南，因其河谷中遍生榆树而得名。该窟现存42个洞窟，时间从唐、五代一直到清代，壁画约5650平方米，塑像272身。榆林窟在塑绘的艺术内容、风格等方面与莫高窟也十分近似，它与莫高窟、西千佛洞一起，成为敦煌壁画的重要部分。

距三危山十几公里处，有一条小河蜿蜒而出，在一片沙漠和戈壁之中，滋润了一片绿洲。在绿洲当中，伫立着一片饱经沧桑的岩洞，这就是著名的莫高窟。关于莫高窟名称的由来，一种说法是，莫高窟原称为"漠高窟"，意为"沙漠的高处"，后世因"漠"与"莫"通用，便改称为"莫高窟"。还有一种说法是，乐僔和尚最早开凿洞窟修佛，后来的弟子相继也开凿了石窟，但道行都"莫高于此僧"，故称"莫高窟"。

从366年开始，莫高窟历经了中国历史上七个王朝1300多年的修建，形成了巨大的规模。莫高窟现有洞窟492个，壁画4.5万平方米，彩塑2000余尊，是世界上现存规模最宏大、保存最完整的佛教艺术宝库。

敦煌艺术，历经漫长曲折的沧桑岁月，艰难地走过了1000多年的历程，其间经历几度盛衰，又目睹无数悲欢离合的故事，成为中国文化艺术的见证者。如今，自汉唐以来孕育出的灿烂文化，在今天的敦煌依然散发出动人的光辉，随处可见的珍贵遗迹、精美的石窟艺术和保存下来的典籍文献，使这个古老的地方流光溢彩，令人流连忘返。

小知识◎莫高窟的传说

敦煌艺术的诞生似乎开始于一个偶然的邂逅。366年的一天，一位名为乐僔的和尚，从中原去西域取经，途经敦煌时天色已晚，于是决定停驻此地过夜。正当他准备休息时，突然发现，对面的三危山上金光闪闪，佛光万道，仿佛出现了西方极乐世界的景象：如来端坐中央说法，众佛拱卫而立，呈光笼罩在他们的头上，远处，飞天正在翩翩起舞。乐僔和尚被这一奇景惊呆了，他恍然顿悟：这不就是自己梦寐以求的西方极乐世界吗？于是，他放弃继续西行，决定在此地修建洞窟，修行拜佛。敦煌自此开始了一个辉煌无比同时又命运多舛的艺术历程。

二 千佛之窗

敦煌壁画主要存于敦煌莫高窟、西千佛洞、安西榆林窟。大大小小的石窟共有550个，各朝各代绘制的壁画5万多平方米，彩塑2000余尊，还有分布于洞窟内外的各种装饰，是中国，也是世界上壁画最多的石窟群。敦煌壁画是敦煌艺术的主要组成部分，规模浩大，内容繁杂，精彩纷呈。敦煌壁画包括经变故事画、本生故事画、供养人像以及社会生活场景等各个方面。

1. 敦煌壁画的发展

敦煌壁画的主要内容也是描写神的世界。在敦煌壁画中，对佛的世界的描绘是最重要的内容。在这个国度里，佛和世俗之间的距离并不遥远，尽管满壁飞动的是佛、飞天，但我们却似乎看见了世俗间的美好生活。

从艺术风格看，各个时期的敦煌壁画有着较为明显的区别。在较早时期的魏晋南北朝各窟壁画中，佛像的造型感情外露，动态明显夸张，线条勾勒十分精细，注重晕染，在色彩上多用赭红色加散花图案装饰衬底的形式，带有十分明显的西域风格。西魏时期，敦煌艺术开始将传统形式吸收进来，在内容上更多地融入了现实生活的情节，这个时期的壁画常以白粉铺底，运用精劲有力的线条和明丽的色彩来描绘。北周时期的风格有了进一步的发展，原来的西域味道逐渐减淡，虽还存在一些西域特点，但中原风格已经十分明显了，此一时期的壁画以本生及佛法故事画为主，画法是：以白为底，以流畅生动的线条，勾勒出简洁生动的人物形象，色彩从明丽变得清雅，晕染逐渐减少。这些方法与中国的传统方法比较接近，反映出中原艺术的影响。

中唐壁画：维摩诘经变的宴饮乐舞图
在敦煌壁画中，对佛的世界的描绘是最重要的内容，在这个国度里，佛和世俗之间的距离并不遥远

唐代是敦煌艺术最为繁荣的时期，这个时期无论是题材还是艺术风格，抑或绘画技巧，都达到了前所未有的高度。唐代敦煌艺术的题材十分多样，如净土变相、经变故事、供养人，以及日常生活等。在净土变相画中，最值得称道的是布景构图。画师们利用建筑物的透视营造广阔深远的空间，画面繁复，但环环相扣，丰满完整。经变故事画内容变得更丰富多样，关于佛经中的说教被各种有趣的场面和情节所代替。绘画和雕刻中的佛、菩萨、飞天的形象在此时得到突破性的发展，这些宗教形象的动态、表情比前代更加多样，形象上也更加接近中原人，特别是菩萨的形象最为典型，画师们借鉴了宫女或者上层社会妇女的形象，以至于出现"菩萨如宫娃"的说法，这是佛教思想

二 千佛之窗 | 13

释迦牟尼佛与阿难、迦叶
《父母恩重经变相图》中的释迦牟尼佛与阿难、迦叶。北宋时期作品,绢本设色。
全图纵134厘米、横102厘米,出自甘肃敦煌石窟藏经洞(第17窟)

传入中国后,在形象上世俗化的典型范例。唐代还是一个供养人绘画发达的时代,这个时期的敦煌壁画上,有众多精彩的供养人形象,这为后人研究隋唐时期上层社会生活,如人物形象、服饰以及生活用品等提供了直观的资料。

唐代以后,敦煌艺术从辉煌走向衰落。宋元时期,很多洞窟是由唐代以前的洞窟改建而成的,比如宋代壁画往往覆盖着唐代或北魏壁画。另外还有一个特点是,宋代的供养人形象发生了变化,首先是尺寸变大,有的比真人还大;其次在风格上也更趋中原化,几乎就是现实中人物的写生,先前的西域风几乎消失不见。明清时期,由于有

200多年的荒废，敦煌几乎没有新的壁画出现。尽管在雍正后，敦煌在移民、屯田、垦荒等措施下略有恢复，但已经完全失去了昔日的辉煌。新中国成立以后，在国家的大力支持下，敦煌逐渐恢复风采。近些年来，敦煌成为世界性的文化旅游胜地。

小知识◎供养人

这里所说的供养人，是指因信仰佛教，通过提供资金、物品或劳力，用创制佛教绘画或者雕塑、开凿石窟、修建宗教场所等形式来弘扬教义的信徒。

2. 敦煌壁画的特点

《天王像》
出自甘肃敦煌石窟藏经洞（第17窟）。其中的天王形象还带有明显的西域风格，嘴上有一撇胡子，这直接来自印度

敦煌壁画不论是绘画技巧、风格特征，都随着时代的变迁，发生了较为明显的变化。早期的佛教壁画因从西域传来不久，还有朴野旷放的特点，虽稍显粗糙，但画面雄浑，气势逼人。在表现手法上，有明显外来艺术的特点，所绘佛像或菩萨在面容、服饰上明显受西域的影响，最明显的是菩萨嘴上的胡子和所装饰的"卐"字符，这均直接来自印度。尽管如此，早期的敦煌艺术还是加入了中国传统艺术的因素，比如在描绘佛和菩萨的时候，加上了飘带和坠落的散花，使这些佛教形象充满了动感，很有魏晋时期人物绘画的韵味。到了隋唐时期，敦煌壁画显露出盛世气象，开始出现场面宏大、结构严谨、色彩变化丰富的经变画，经变画中关于现实生活的各种作品也越来越多，如狩猎、比武、百戏歌舞、农耕、医学、

山中饮水的小鹿
山水只是作为背景出现的,有"水不容泛"的特点

商人等,供养人形象的数量也大大增加。在构图上,唐代的敦煌壁画已经能表现大场面的透视效果,色彩更加明净和谐,很多壁画变得富丽堂皇,用线也更加精致。另外值得注意的是,隋唐时期的壁画还出现了山水的形象,这被一些学者看作是中国山水画的早期形态。

与中国画一样,敦煌壁画也是用线条和色彩作为最主要的绘画语言,以简练的笔墨,塑造出个性鲜明和内心复杂的人物形象,同时还运用一些晕染的方法,因而具有高度的概括力和表现力。在早期,敦煌壁画的起稿线比较粗放,往往用十分简洁的线条勾勒形象,然后略加渲染,最后敷上鲜明的色彩。敦煌壁画的线条尽管简略,但在形象的塑造上仍是比较严谨的,在用线上也十分多样,早期常见的铁线描细劲流畅,而到唐代时期流行的兰叶描则圆润、丰腴而厚重。不同时期的壁画在艺术表现上有不同的意韵。

敦煌壁画的内容决定了这门艺术从一开始就不同程度地受到外来文化的影响，但与佛教一样，传入中国以后，就逐渐为中国传统文化所同化，呈现出具有中国气派和民族风格的艺术风格。敦煌壁画对外来艺术的借鉴主要表现在两个方面。首先，绘画的写实手法。当我们将早期的中国墓室壁画和敦煌壁画比较，便可以明显注意到这一点：墓室壁画里的人物一般深衣大袍，蔽体深重，寓形体于衣内，人物形象不见骨筋，造型平面化，用笔飘逸洒脱，与写实性绘画有较大距离。而同一时期的敦煌壁画中的佛像因半裸或裸体，因此在解剖上显得更为准确，写实程度更高。显然，来自西域的这种写实绘画方法源自西方，而西方绘画就是以写实程度高和解剖准确为主要特征的。据研究，敦煌壁画的形式手法及表现内容受到龟兹壁画的影响，而龟兹壁画的

敦煌西千佛洞壁画上的佛像
典型的具有西域风格的作品。其线条粗犷，色调深暗浓重，形体简单但不失准确

药叉乐伎合奏
出自甘肃敦煌莫高窟（万佛窟）第249窟。西魏壁画中正在合奏乐器的药叉乐伎的形象，一位吹觱篥，一位弹琵琶。此时期的敦煌壁画中的人物形象还深受西域影响，用笔粗犷，形象较为简单

主要特点是运用勾线、平涂和晕染相结合，以铁线描为造型基本手法，以石青、石绿、白色为主调，具有西域画风浓丽明快的特点。显然，龟兹艺术来自西域的印度、阿富汗，而这两地的佛教艺术则早已吸收了西方艺术的元素。印度艺术中的菩萨形象，比例和解剖都十分准确，姿态活泼生动，具有写实主义的特点。这种写实手法，为中国古代画师们所吸收，运用在敦煌壁画的创作上，大大地加强了壁画人物的写实性。其次，晕染方法。中国早期绘画不重晕染，大约在战国时代才有在人物上饰以色点的做法，两汉时期，才出现在人物面部两颊晕染红色的做法。与中国早期绘画不同的是，西域佛教壁画中的人物以朱

红色进行晕染，凹处深暗，凸处浅明，在鼻梁部分还用白粉点染，以显出隆起的效果。这种方法被称作"凹凸法"，传到敦煌后又有所变化，与民族传统的晕染相融合，形成既可以表现人物面部色泽，又富有立体感的晕染法。这种方法在唐代十分普遍，并最终成为敦煌壁画艺术的典型特征。

3. 本生故事壁画

本生故事主要以佛生前的事迹为范本，这些本生故事原是印度古时的民间传说。如《顶生王本生》《大善见本生》《大天王本生》，是关于印度民族先王的古话；《须大拏太子本生》《睒子本生》，是各族人民流传下来的故事；《九色鹿本生》《鹅王本生》《雁王本生》等，则是当时百姓口口相传的民间传说。本生故事画中最多的是关于释迦牟尼的，经过历代的流传，释迦牟尼成佛前的故事已经带上了神异的色彩。

释迦牟尼本名悉达多·乔答摩，公元前565年生于古印度的迦毗罗卫国，父亲是净饭王，母亲是王后摩耶夫人。据说，悉达多·乔答摩的母亲梦见一个菩萨乘六牙白象腾空而来，由右肋进入自己身体，之后不久她就怀孕了。也有仙乐吹送入胎的说法。摩耶夫人怀孕之后，有一日去兰毗尼花园游玩，见一无忧树花果繁茂，便起身攀摘，就在这个时候，悉达多·乔答摩诞生了。在父亲的安排下，悉达多·乔答摩太子从小学文习武，受到良好的教育，并娶了大臣摩诃那摩之女为妻。尽管他享尽人间富贵，但却并不快乐。在出游四门，目睹人间的

太子出城
《佛传图（断片）·宫中欢乐、出城》（局部），唐代时期作品，绢本设色，出自甘肃敦煌石窟藏经洞（第17窟）。描绘了释迦牟尼佛在做太子时无忧无虑的生活

灾祸和人的生老病死等诸多痛苦之后，他感到十分苦闷。为了寻找一条解脱人间痛苦的途径，他决定出家修行。29岁那年，悉达多太子在一个夜晚离城到了山中。他独自在树下结跏趺坐，开始了苦修的生涯。但是，6年的苦行没有解决他的困惑，于是他到尼连禅河洗尽了6年的污垢，接受了牧女施舍的牛奶，恢复了体力。之后，他在菩提树下苦思冥想，终于战胜了心中的一切魔障，大彻大悟，明白了人间真谛。此后，他收徒讲学，宣扬理论。这便是佛教的由来，而他也被尊称为释迦牟尼，意思是释迦族的圣人。后人又称他为佛陀，意为大彻大悟的人。公元前486年，释迦牟尼于拘尸那城的娑罗双树下涅槃。

莫高窟现存敦煌莫高窟北凉第275窟，北周第290、294窟，五代第61窟和宋代第454窟中的壁画中绘有悉达多王子出游四门的故事。悉达多太子在婚后仍思出家，国王忧虑万分，于是与大臣们商议对策，最后决定让太子出游，以化解其出家的欲望。太子在侍从们的陪伴下

四门出游之东门
《佛传图（断片）·四门出游》（局部），唐代时期作品，绢本设色，出自甘肃敦煌石窟藏经洞（第17窟）。描绘了释迦牟尼佛到世俗间的出游，正是这几次出游，触发他对人生老病死和种种痛苦的思考

骑马出城游玩，在出东门时见到一个衰弱的老者，出南门时碰见一个垂危的病人，出西门时看到一个死人，出北门时见到一个僧人。出游四门看见俗世间的老病死，太子更欲出家。现存北凉至五代的洞窟中均有"出游四门"的壁画。其中第275窟构图简单，而第290、294窟的构图则较为复杂，人物众多，均以连环画的形式表现出来。晚期的同题材作品构图更为复杂，且场面宏大。

北周第290窟、五代第61窟绘有《树下耕种》，也是以佛生前做太子时的故事为题材的。太子出外游玩，看到农夫耕种，地里耕出小虫，耕牛踩死了小虫，飞鸟啄食小虫，蛤蟆追食蚯蚓，蛇又把蛤蟆一口吞下，天上的孔雀又啄食了这条蛇，这时一只鹰飞来，又将孔雀啄死。最后，雕飞来与鹰搏击争食。太子看到万物众生自相残杀，慈悲心顿起，于是在菩提树下结跏趺坐，苦思冥想，最后获得禅悟。

关于释迦牟尼的本生故事还有"舍身救人""狮象杀龙"等，以佛前身的本生故事作为绘画题材的壁画在早期的敦煌壁画中占有十分重要的地位。

莫高窟第275窟北壁上的《尸毗王本生》是早期较有代表性的本生故事壁画。这幅壁画描绘的主角是古印度阎浮提洲的提婆拔提城一位名叫尸毗的国王。佛为了试探尸毗王是否真诚地"行菩萨道",使用一系列的手段来考验他。佛与其随从毗首羯摩天化为老鹰和鸽子,在尸毗王面前,鹰要吃鸽肉,鸽子向尸毗王求救。尸毗王为了从鹰口救出鸽子,愿以自己身上与鸽子同等重量的肉代替鸽肉。然而,尽管尸毗王割尽两股、两臂、两胁以至全身的肉,还是不能平衡放在秤上的鸽子。尸毗王忍痛站起,爬上秤盘,但由于虚弱,失足倒在地上,昏死过去。他苏醒过来以后,再次站立起来爬上秤盘。秤杆终于平衡了,他十分高兴,觉得自己做了善事。这时,鹰和鸽子都不见了,地动山摇,天宫震动,天神们在天空中看见尸毗王的苦行,十分感动,齐声赞叹,天上撒下无数花朵,献给尸毗王。尸毗王自己也恢复原状,而且比以前更加强健英武。这个故事颂扬了尸毗王"行大慈悲,矜及一切"的信念,以及成佛的宏伟愿望。这个壁画的主体部分画着尸毗王垂下一条腿坐着,有人正用刀割他腿上的肉,他的表情庄重而安详。另有一人手持天平,在天平的一端伏着一只鸽子。从构图上看,这幅壁画描绘的主题突出,晕染的色彩丰富,由于时代久远,整幅壁画的色调呈现深褐色,显得十分深沉浓重。

第254窟的《萨埵太子本生》故事描绘的是古印度一个王国的太子的故事。宝典国国王有三个太子。一日,三个太子入山游玩,在山间看见一只母虎正在为几只幼虎喂奶,母虎已经饿得奄奄一息了。太子摩诃萨埵看到此情景,十分不忍,欲以身舍命来救这几只幼虎。于是,他独自行至山间,卧于老虎面前,可是,饿虎过于虚弱,无力吃他。于是,

飞驰报信
位于甘肃敦煌莫高窟（千佛洞）第428窟东壁，出自《萨埵太子本生》故事画。描绘了两个兄长见萨埵太子舍身饲虎，急忙策马回宫报信的场景。画面简单，但动态强烈，烘托了紧张的气氛

萨埵太子爬上山崖，用树木枝条将自己的身体刺出血，然后再跳下山崖。饿虎舔了血后，精力恢复，将他吃掉了。两个兄弟很久没看到萨埵，便沿路寻找，终于看见萨埵的尸体，他们惊慌地回到国王那儿报告。国王和夫人闻讯赶忙带着随从赶到山间，见到萨埵太子的遗骨，不禁痛哭流涕。此时，萨埵太子已经升天，他看到了修罗、人间、地狱、恶鬼、畜生五个世界。在人间，他的父母正围绕着他的尸骨痛哭，于是，他便离开天界，站立空中，对他的父母百般规劝和训谕。他的父母发现正是自己的儿子，停止了哭泣，随后收拾其遗骨并带回家中，建造七级浮屠进行供养。这幅画的表现形式有三种：主体式单幅画，如第

254窟；横卷式连环画，如第428、299、301、302、419、417窟；屏风画，如第237、231、85、9、146、108、98、72、55窟。其中，第254、428窟是这个本生故事画的代表作。除第254窟外，其余均采用多情节连环画的形式来叙述完整的故事，重点表现萨埵太子以身饲虎的场面，渲染悲壮的气氛，突出表现其舍生取义的勇敢和恶虎的贪婪。

另外一个妇孺皆知的本生故事是《鹿王本生》。这套壁画位于莫高窟第257窟，描绘的是一个名叫调达的猎人在林中打猎，路过水塘，误坠水中，在此地栖息的九色鹿闻讯救起了他。调达长跪感谢，九色鹿说，不必谢，只要你不告诉别人我的行踪就行了。调达千恩万谢离去，路经一个城池时，看到国王颁布的告示，原来，王后梦见九色鹿，重金悬赏

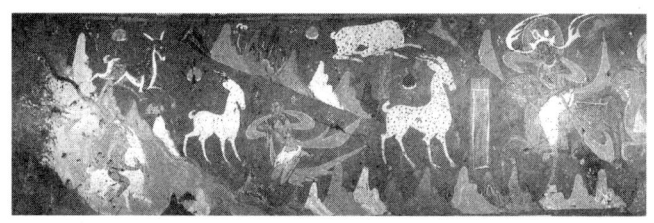

《九色鹿》
位于甘肃敦煌莫高窟（千佛洞）第257窟西壁。描绘了《九色鹿本生》的故事。被九色鹿救起的溺水人贪图富贵，带领国王去捕猎九色鹿，但国王最终被九色鹿的正气所感动，释放了九色鹿。故事以连环画的形式展开，既统一，又有前后的发展顺序

告知九色鹿行踪的人。调达贪心顿起，遂向国王报告了九色鹿的行踪，并带领国王的人马去捕捉九色鹿。处于重重包围中的九色鹿无法逃脱，便猛然跳到国王面前，陈述了救调达及调达背叛誓言的经过。九色鹿的陈述，深深地感动了国王及士兵，大家那愤怒而厌恶的目光一起射向忘恩负义的小人调达。调达无地自容，霎时间他身上长满了烂疮，嘴里散发着恶臭，从此受到人们的鄙弃和唾骂。而国王也非常惭愧，愤怒地斥责调达，并下令全国，以后任何人都不准伤害九色鹿。王后贪婪的欲望落空了，她又羞又恨，最后心碎而死。《鹿王本生》壁画在表现形式上以长方形的构图，分段描绘故事情节，环环相扣。作者突出地塑造了鹿王矫健匀称的美丽形象，相形之下，调达的形象十分猥琐丑陋。在表现方法上，作者使用了"凹凸法"进行渲染，以深色晕染物象的轮廓，用浅色晕染中间部分，最亮的地方用白粉点染，表现出物象的体积感。在色彩上，《鹿王本生》壁画设色浓重强烈，多用土红、粉红、蓝、草绿等色。由于年久变色，原来深一点的颜色已变得很暗，或成了灰黑色，如人的肌肉原来都是肉红色的，因为年久，其中的铅粉已变成黑色。勾画形象的轮廓线，是用遒劲的线条表现出来的，用笔简而有力，手法自由而纯熟，画风严峻挺拔。

《须达那太子本生图》是莫高窟第428窟中的壁画，绘制时代在北周时期，描绘的是须达那太子的故事。古印度的一个国王有一只六牙白象，这只白象力大善战，在战斗中常常战胜敌人。敌国的国王知道这个国王的太子须达那乐善好施，便派婆罗门找他求象。须达那太子果然把象施舍给他们。大臣们听闻此事十分惊愕，就报告给了国王。国王盛怒之下，便把须达那太子和他的妻子一起驱逐出国。须达那太子带领家人一路前行，在路途中仍不断施舍，把马车、衣服、儿女都施舍给了别人，最后还要舍掉妻子甚至自己。后来被他的祖父发现，才回到了家乡。壁画采用连续画的形式，在某一情节中，又以艺术的手法突出描绘的对象，使观者很容易明白图画所表现的内容。壁画中的人物形象丰腴，线条挺拔有力，色彩浓艳富贵，图案色彩丰富而多样。

这些本生故事都是以佛生前各种乐善好施、勇于牺牲的传说来教化佛众。故事大都具有利他精神，符合人类理想，富有宗教道德色彩，且故事性很强，因而得到老百姓的喜爱，对宣传佛教思想起到了很大的作用。

小知识◎本生故事画

顾名思义，本生故事画就是讲佛的故事画，它所描绘的内容也就是佛教创始人释迦牟尼佛在前世中无数次修行转世的故事。在关于佛祖释迦牟尼的本生故事中，有不少是以古印度以及东南亚国家的民间故事和神话故事为底本的。

◎本生故事与本缘故事的区别

本生音译为阇多伽、阇陀，意译为生、本起、本生，或《本生经》《本生谭》。指佛陀前生的菩萨行事，或指此等故事的故事集。本缘与"本生"同义，但着重指有关释尊、弥陀、弥勒等菩萨及佛弟子等，在过去世的永劫中，受生为各种不同身形、角色、身份等，行菩萨道的故事。

◎本生故事中的释迦牟尼形象

  佛教徒为了宣扬释迦牟尼的前生曾是普救众生、忍辱苦修的国王、太子、贤者、善神、天人或者是动物中的鹿王、猴王、象王、狮王等种种不同的化身,便把这些优美的故事附会到了释迦牟尼的前世身上,从而宣扬释迦牟尼的神圣伟大。

4. 经变故事壁画

"经变"的内容来自各种佛经,又称"变相"或者"变现"。换句话说,经变就是以图像的形式来说明某部佛经的思想内容。在敦煌莫高窟的唐代洞窟里,保存着中国最为丰富多彩的经变画。据统计,莫高窟的经变画有24种,1055幅。经变画的绘作方式十分多样,或以佛与菩萨为中心,在其四周围绕着与佛经有关的故事情节;或以分栏的形式,表现佛国世界的宏大场面;还有将佛国世界和经变故事穿插的方式。总之,形式多样,活泼生动。

《观无量寿佛经变》最早出现在初唐时期的第431窟中,描绘的是净土世界的安乐景色。在画面中部,画师描绘了建筑在七宝池上的宫殿楼阁,无量寿佛是西方极乐世界的主宰,端坐在宫殿的正中,观世音、大势至以及30多位听佛说法的菩萨围绕在他的身旁。前面的中台上有两个翩翩起舞的舞者,16位乐师在两旁席地而坐,演奏着琵琶、筝、笛等各种乐器。前台中央有五只金翅鸟在奏乐中歌舞,两只白鹤在引颈长鸣。前台的两端分别有佛与菩萨18位,正在聆听佛的说法。在天上,美丽的飞天正在自由飞翔,花从半空中撒下,天空中还飞舞着各种不鼓自鸣的乐器。在宫殿下方的七宝池中,绿荷红莲漂浮在水面上,碧波荡漾,鸳鸯和化生童子正浮游在水中嬉戏玩耍。

《西方净土变》也是敦煌壁画中的常见题材,在魏晋南北朝、中唐及盛唐时期均有出现。与《观无量寿佛经变》一样,《西方净土变》表现的也是场面恢宏、色彩绚烂的佛国景象。依据《无量寿经》内容,为信众们构想出来的《西方净土变》,也就是人们常说的西方极乐世界。在盛唐时期的第127窟和第217窟中,《西方净土变》所描绘的场景最为典型,在这幅经变画中,阿弥陀佛是整个画面的中心,他的周围分列着菩萨、观音,他们正簇拥着阿弥陀佛进行一项重大的佛事活动。壁画上方有分别从仰视、俯视角度画出的楼台、亭榭、宝池莲花和欢乐的歌舞伎乐,姿态优美的飞天正飘散着花雨等万千景象,烘托出一

反弹琵琶图
见于莫高窟第112窟的《伎乐图》,为该窟《西方净土变》的一部分。描绘了伎乐天伴随着仙乐翩翩起舞,举足旋身,使出"反弹琵琶"绝技时的动态,十分优美

派祥和富贵的氛围。如此众多的建筑和人物活动，在画面上分布得主次分明，有条不紊，色彩缤纷而又统一和谐，充分显示出唐代画家处理宏大场面的技巧。实际上，《西方净土变》是画家将现实中的场景与天马行空的想象结合而成的世界，因此，在这个世界中，我们可以看到很多古代的宫宇楼阁、水榭歌台，可以视为大唐盛世的再现。

《药师经变》壁画是根据《佛说药师如来本愿经》绘制的，主尊是七身药师佛，药师佛是东方净琉璃世界的教主，是治疗众生疾病的药王。他有胁侍日光、月光菩萨，以及十二药叉神将，保护众生免于苦难。画面以东方药师净土七佛为主体，八大菩萨侍立左右。在水池中央，红蓝两色琉璃铺成的宝台富丽堂皇，花团锦簇，而水池中碧波荡漾，莲花盛开。在宝台的栏边，菩萨倚栏而坐，他们手捧着莲花，合掌礼拜，端庄肃穆。宝台的两侧是各式天王，天王上方是赤身三面

《药师经变》中的大乐队
盛唐壁画。出自甘肃敦煌莫高窟（万佛窟）第148窟东壁北侧。下层两组乐队各7人，上层两组乐队各9人，台阶上是迦陵频伽乐伎，在"灯山火木"的照耀下，一场规模巨大的舞乐场面被展现出来

不鼓自鸣乐器
盛唐壁画。出自甘肃敦煌莫高窟（万佛窟）第217窟北壁

六臂的阿修罗，下方是裸体怒目的力士。画中的神将，一身盔甲，威风凛凛，头戴的宝冠上装饰着蛇、兔、虎等动物形象。七佛上空飞天翱翔，药师佛前的中原式灯楼和西域式灯轮并列，在"灯山火木"的照耀下，一场规模巨大的舞乐场面被展现出来。画面上的乐队共有32人，分坐在两侧的方毯下，他们来自中原和西域各地，演奏着形态各异的乐器。两组舞伎在辉煌灯火中翩翩起舞，或展臂旋转，或跳跃腾踏，似乎是中亚的胡旋舞和胡腾舞。天空中飞舞着不鼓自鸣乐器。这样一幅火树银花、歌舞升腾、金碧辉煌的场景，充分展示了药师佛园净土的极乐景象，它不仅是当时社会风貌的真实写照，也是初唐药师净土信仰的产物。

《劳度叉斗圣变》是另一幅具有时代特征的壁画。这幅壁画完成

《劳度叉斗圣变》中的动物和车辆
出自甘肃敦煌莫高窟（千佛洞）第 146 窟西壁，形象生动，种类繁多

于张议潮家族统治时期，第 196 窟和第 9 窟的两幅最为完整。《劳度叉斗圣变》描绘的是释迦牟尼弟子舍利弗与劳度叉斗法的故事，说的是印度舍卫国有一位大臣须达，家财万贯，乐善好施。他为了给自己的小儿子求婚，亲自带着彩礼去王舍城的大臣护弥家求婚。在护弥的家里，须达却意外地见到了佛祖释迦牟尼，聆听了佛法，拜服不已。须达恭敬地邀请释迦牟尼光临舍卫城，去为那里的人民说法，并答应愿为佛祖建造精舍。佛祖答应了须达的请求，派遣他的弟子舍利弗随他一起回舍卫城办理此事。须达高价买下了祇陀太子的花园，准备给佛祖建造精舍。婆罗门教徒听说后，恼怒异常，便阻止佛祖来这里说法。他们向国王请求允许他们与佛教徒一比高下，国王同意了。婆罗门教徒派出劳度叉，高坐宝座，舍利弗安然地坐在劳度叉的左边，一场激烈的较量开始了。经过一番恶斗，劳度叉无计可施，只得甘拜下风，皈依了佛法。不久精舍建成了，须达不仅迎来了释迦牟尼，也给自己的小儿子完了婚。

第254窟的《降魔变》是北魏、西魏时期的代表经变故事画。"降魔"是佛的"八相"之一,"八相"是指释迦牟尼一生的重大事迹,包括下天、托胎、出生、出家、降魔、成道、转法轮、入涅槃等八个部分的"变相"。《降魔变》叙述了这样一个故事:在释迦牟尼即将成道之前,天魔波旬与之作对,带领"可爱乐""能悦人""欲染人"三个女儿和众魔军前来挑战。天魔首先让自己的女儿以色相来引诱释迦牟尼,继而又率众魔军向释迦牟尼发起攻击,企图破坏释迦牟尼的修行。图画中,释迦牟尼居中间位置,形象伟岸高大,身穿鲜亮的红色袈裟,体态庄严,神色平静,举止庄重。相形之下,众魔军则显得很小,个个面目丑陋,密集叠压在一起。画面整体的色调以青、绿色为主,造成阴森恐怖的效果。波旬身着盔甲,手握长剑,正仰首怒目直视释迦牟尼。波旬身后是他的儿子,似乎正在从旁劝阻。随天魔前来的三个魔女戴着金冠,披着大巾,身穿半袖外套背子,腰束长裙,显得十分华丽。魔军面目狰狞,似人似兽,一个个杀气腾腾,在佛的身边张牙舞爪,狂呼怒吼。然而,释迦牟尼岿然不动,稳如泰山,众魔黔驴技穷。此时,大地发生震动,波旬昏倒在地,三个魔女也瞬间变成丑恶的老妇,众魔也在释迦牟尼的法力面前剑断矛折,各自溃散。在释迦牟尼脚下的两个魔头跪在地上,表示降服。这幅画仍以惩恶扬善为主题,在画面上运用结构对称、均衡等形式美的原则,突出庄重肃穆的效果,形象上的大与小、静与动、丑与美的对比,以及色彩上冷与暖的对比,渲染出各个人物的形象和身份特征。与其他经变故事画一样,在《降魔变》中,画师们也运用凹凸法渲染人物的明暗,表现出一定的立体感。从风格上来说,这件作品具有早期敦煌壁画的特色,西域艺术特征与中国传统绘画特点兼融。

在经变壁画中,以某一个人物为内容的壁画当数《维摩诘经变图》

佛传《降魔成道图》

发现于敦煌藏经洞（法国吉美国立东方美术馆藏）。描绘释迦牟尼如何降魔成道的内容，以惩恶扬善为主题

最为典型。维摩诘是早期著名佛教居士、在家菩萨。维摩诘的意思是以洁净、没有染污而著称的人。出现于盛唐的敦煌莫高窟第103窟中的《维摩诘经变图》中的维摩诘形象是后世的典型。壁画中的维摩诘端坐于榻上，身披紫色的裘衣，穿白练裙襦。他一腿支起，一腿盘于席上，左手抚膝，右手执麈尾，上身略略前倾，蹙眉张口，似乎正在与文殊菩萨辩论。在这幅壁画中，维摩诘的形象是安详自信的，尽管表现的是与人辩论，但神态自若，有一种大气安静的气质。从技法上看，这幅《维摩诘经变图》以线描为主，只有在衣服部分着色，白衣部分则留白。从形象上看，画家将现实中的士大夫形象融入进去，壁画上

维摩诘图
出自甘肃敦煌莫高窟第103窟。描绘的是维摩诘称病在家，佛祖派遣文殊师利等弟子去看他，席间维摩诘宣扬大乘教义的场面

《维摩诘经变图》
五代时期绘制,纸本设色,横30.7厘米、纵73.2厘米,出自甘肃敦煌石窟藏经洞(第17窟)

的维摩诘浓眉长须,脸上皱纹明显,很像一个忙于政务的官员。尽管着色不多,但作者充分发挥了线条的表现力,墨色的浓淡轻重构成了整幅画作的节奏,疏密之间充满了美感。实际上,画家在对人物形态的描绘中,充分显示了对写实的把握。维摩诘坐于榻上,姿态生动准确,已经脱离了早期壁画人物中的幼稚形态。另外,位于画幅上方的帷幕上的狮子和祥云是由线条勾出的,维摩诘所坐的榻几及帷幕均敷以红色,但其中的一个正在奔驰的狮子还留着白,因此,有人推断,这幅壁画很可能还没画完。除了盛唐的这幅《维摩诘经变图》之外,敦煌壁画中还有初唐时期的相同题材作品,由于年代过于久远,壁画已经漫漶不清,但总体而言,维摩诘的形象与这幅盛唐时期的壁画是大致相同的。

另外,还有较晚出现于五代时期的《维摩诘经变图》,这件作品出自于敦煌石窟藏经洞(第17窟),在技法上虽然更加熟练,但在气度上反而不如敦煌壁画中的维摩诘那样大气。

《报恩经变》宣传的是扬善惩恶的故事,从《大方便佛报恩经》发展而来,在画面的中心,是佛的说法场面,在四角位置安排经中所叙述的《恶友品》《孝养品》《论议品》《亲近品》四个故事。《恶友品》讲的是善友和恶友的故事;《孝养品》讲的是须那提太子在危难时刻割自己的肉奉养父母亲的故事;《论议品》讲述了一位鹿女为国王生下500位太子,最后他们全都出家成佛的故事;《亲近品》讲述了一头金毛狮子的故事,它经常听比丘们诵经说法,渐渐通了灵性,后来被一位猎人猎杀,猎人把狮子的皮毛献给国王,国王为弃恶扬善,惩罚了猎人,火化了狮子的皮毛,并建塔供奉。可以看出,《报恩经变》除了宣扬仁慈孝养的思想之外,也有一定的教化作用。

莫高窟第158窟《涅槃经变》绘制于吐蕃统治时期,这是敦煌《涅槃经变》中唯一有赞普举哀图的洞窟,赞普像头部已残缺。在北壁这幅土王举哀图中,吐蕃赞普位于各土王的最前列,有二侍从胁侍,表情哀伤,在众王中显得十分突出。在他的头部一侧题有"赞普"的藏文。在举哀众王当中,除了少数民族王之外,还有中原帝王,他们在赞普等土王的环绕下,显得十分雍容肃穆。赞普及其侍从的服饰风格在赞普冠饰上体现得尤为显著:朝霞冠顶部加戴有倒三角形环绕而成的冠饰,也就是束缚朝霞冠的带子,这在敦煌壁画的吐蕃人物绘画中极为罕见。赞普与西侧的侍从穿着三角形的翻领长袍,长袍上分布着团花图案,这与敦煌第360窟东壁《维摩诘经变》中赞普身后那个举曲柄华盖的侍从长袍上的图案十分相似,但相比而言,此处的图案描绘得更为细致。有研究者认为,团花图案是中国传统的服饰图案纹样,含有吉祥和圆满的意义,在汉族人的服饰上多以对称或重复的形式出现,因而是汉族文化的体现。从这幅画可以看出,赞普及侍从长袍上的团花图案受到汉族服饰的影响,体现出汉文化与吐蕃文化的交融。举哀图中另一独特之处是人物身后头光的使用,佛教艺术中常为佛、菩萨、弟子背后绘上头光,表明这些神仙不同凡人,但给现实中的国王或皇帝描绘头光却是十分罕见的现象。此洞窟中的吐蕃赞普和中原帝王像背后都出现了头光。头光在世俗人物形象中出现,符合中国传统观念中将最高统治者称为天子的思想。这样的图像也表明佛教在世俗化过程中,将世俗中的人物高度神化了。有研究者认为,绘制这些人的粟特人客居敦煌经商,他们在吐蕃赞普及中原帝王的画像上添上头光,既是对吐蕃统治者的恭顺,也是对中原帝王的崇敬。

  尽管莫高窟的经变画表现的是佛国的瑰丽场景,但是人间百态也往往出现在壁画中,如屠夫、猎人、商贾、强盗等世俗生活中的人物,以及耕种、收获等世俗生活中的场景。这些人间世情的真实写照,与佛国世界的丰富想象相结合,大大增加了敦煌壁画的艺术感染力。

5. 敦煌壁画中的菩萨及天王、飞天

菩萨及天王是敦煌壁画中最为常见的题材，在历代佛像中，关于菩萨和天王的单幅绘画也不少。在佛教初创的小乘时期，只有释迦牟尼的前身和尚未成佛的悉达多王子才能称为菩萨。但是，大乘佛教创立后，凡是立下宏愿，上求佛道，下化众生的都可称为菩萨，与小乘佛教相比，显然更加世俗化了，甚至那些精通佛法的高僧和修行者也被称为菩萨，可谓"人人具有佛性，人人皆可成佛"。敦煌石窟的开凿历经10个朝代，前后1000余年，因此，关于菩萨的绘画和雕塑不可胜数，这些数量众多的菩萨塑像和画像，在形制上具有明显的中国化特征，与印度、东南亚以及西域的菩萨明显不同。

在所有的菩萨类型当中，观世音菩萨是最常见的一种，观世音菩萨在中国民间是最有影响和深受敬仰的菩萨，中国的普通百姓对观世音菩萨的敬仰甚至超过了对佛陀的敬仰。观世音菩萨的形象并非始终如一的，而是发生了很大的变化。根据一些学者考证，在佛教尚未产生的公元前7世纪时，印度婆罗门教的古经典《梨俱吠陀》中就有了"观世音"。不过，此时的观世音菩萨是一对孪生的小马驹，并非人类。

它作为婆罗门教中的善神，象征着慈悲和善，且神力宏大，能使盲者双目复明，病者康复，残疾人恢复健康，不孕者生子，甚至可以使枯木开花。可见，观世音菩萨在出现之初，其神力保佑的范围就大致确定了。大乘佛教创立之后，善神观世音被引入到佛教中，但最初还是"马头观世音"，仍不是后来的人形。直到公元前后，观世音菩萨才由畜身变成了人身。在中国，东晋以前的菩萨像几乎都是男性，东晋以后才有女性菩萨塑像和画像的出现。到隋唐时，已出现大量的女性观世音菩萨图像，因避唐太宗李世民之讳，改称为观音。唐代高僧道宣说："造像梵相（画像）宋齐间皆厚唇、鼻隆、目长、颐丰，挺然丈夫之像。自唐以来，笔笔皆端来柔弱似妓女之貌。故今人夸菩萨如宫娃也。"（见《释氏要览》）在宋代，观世音菩萨已经完全女性化，经过元、明、清三代的进一步演变，观世音菩萨已经成为典型的中国女性形象。这样的演变，在敦煌莫高窟的壁画中留下了明显的痕迹，比如在第161窟中就有一幅马头观音像，此时，观世音菩萨已经完全为人形，但头上戴着一顶高大的马头头盔式宝冠。佛教传入中国时，观世音菩萨是阿弥陀佛的左胁侍。《华严经》中提到观世音菩萨，这样说：善财童子拜访观世音，在普陀珞珈山，"见岩谷林中，金刚石上，有勇猛丈夫观自在，与诸大菩萨围绕说法"。可见，此时的观世音菩萨还是男子身。因此，在佛教传入中国的初期，观世音菩萨塑像和画像是男身丈夫形。到《法华经》在中国的广泛传播时期，观世音菩萨便从"西方三圣"中的胁侍菩萨分离出来，成了一位善神；再经历几个朝代的演变，逐渐由"勇猛丈夫"变为美貌女性，这可能是因为人们认为女性更有一种善的形象。

现藏于英国不列颠博物馆的《引路菩萨图》出土于敦煌藏经洞。这幅以菩萨为描绘对象的画作向观众展现了一个引亡灵升入天国的场

《引路菩萨图》

唐朝时期作品。发现于敦煌藏经洞,现藏于英国不列颠博物馆。本幅描绘了菩萨为亡灵引路升天国的场面。菩萨的体态丰腴,容貌端庄秀丽,神态从容安详,身后所跟之人是亡灵在世间的形象

面,"引路菩萨"的题记表明了这幅画作的主题。在前面领路的大菩萨体态丰腴,容貌端庄秀丽,神态从容安详,她右手执香炉柄,左手持莲花,踏着祥云缓缓前行。菩萨手持的莲花下有白幡,幡分四栏,各栏均绘有图案。菩萨后面跟随的女子正是画幅中所描绘的亡灵,她的脸庞丰满,衣着和发型正是典型的唐代风格,令人想到张萱、周昉笔下的绮罗人物画。除了人物本身外,画面中其他部分如香炉、菩萨的发饰等也都用金色描绘而成,营造出艳丽多彩的面貌,反映出唐代世俗生活的富足。在画面的左上角,隐约可见一些建筑物,那便是亡灵要去的净土世界。从技法上看,这件作品手法高超,特别是在色彩方面,艳丽而和谐,晕染自然生动。唐代这种描绘菩萨的作品可以看作中国古代宗教绘画的一个高峰。值得注意的是,这些宗教题材的作品较之前代更加世俗化,就像这件《引路菩萨图》中的菩萨便显示出

浓厚的世俗意味,看起来更加有人情味儿。

关于"千手千眼观音"的壁画在敦煌数量很多,据敦煌研究院统计,敦煌绘有"千手千眼观音经变"的洞窟多达37个,约有40幅。从盛唐开始,至元代。其中,盛唐及中唐时期的不多,晚唐至宋代的最多。西夏时期尤为兴盛。

莫高窟第57窟南壁《沥粉贴金菩萨像》绘于初唐时期,这是一尊观音立像,观音菩萨以璎珞宝珠装饰全身,左右各有一胁侍,整个画面金碧辉煌。

莫高窟第148窟东壁甬道上方的《千手千眼观音经变》绘于盛唐时期,这是中国现存最早的千手千眼观音图像之一,画中头戴化佛冠、身着菩萨天衣的观音结跏趺坐于莲花之上,以璎珞宝珠装饰全身,身后有背光。在圆轮状的背光中,左右对称地画出42只手,除了3双手作法印外,其他各手持有各种法器、法物。在观世音菩萨两侧分别站着二十八部众中的部分天王、众神,如四大天王、吉祥天女、阿修罗王、火神王等。绘于晚唐时期的第161窟窟顶藻井上画有一幅《千手千眼观音经变》,在这幅《千手千眼观音经变》中,观音头戴化佛冠,结跏趺坐于莲花上,有10只大手对称地各持法器,其余上千只小手分四层组成观音的圆轮形背光,千手背光的四角有四位飞天在观音周围飞翔。整个画面生动热烈,充满浪漫色彩。

敦煌石窟中规模最大、内容最为丰富的《千手千眼观音经变》绘

沥粉贴金菩萨像
唐代初期壁画。出自甘肃敦煌莫高窟(万佛窟)第57窟南壁

于安西榆林窟第3窟东壁南侧,属西夏时期的作品。在这幅壁画的中央,是51面千手千眼观音菩萨正面立像。观音脚踏莲花,宛若从水中升起,头顶有宝盖,宝盖下面有一位化佛,两侧各有一身圆月中的化菩萨。下方水池两侧是观音的部众吉祥天女、婆薮仙人、火神金刚、毗那夜伽神等,壁画前有清代所塑的六臂观音。北宋时期的《大慈大悲救苦观世音菩萨图》出土于莫高窟第17窟藏经洞,这幅图中观音的形象很像慈祥的中年妇女,面容秀丽,神态端庄,头上方绘有花朵,身前放两个宝瓶。左右描绘着观音要救的6个危难情景。菩萨的下部画有供养人的像,左边有一妇女和一侍女,右边绘有跪坐的两位男子,身着官服,表情端庄严肃。

《大慈大悲救苦观世音菩萨图》(局部)
这幅图中观音的形象很像慈祥的中年妇女,面容秀丽,神态端庄

莫高窟第3窟南北二壁的两幅《千手千眼观音经变》是元代晚期的作品，均高2米，长2.4米。两壁的构图、布局与人物形象一致，但总体而言，北壁比南壁的绘画更为精致。这幅壁画中的观音菩萨有11面，正面有三眼，头戴宝冠，身披菩萨天衣，腰间系有长裙，全身有璎珞环钏装饰，立于莲花上，体态丰润，神态端庄。在观音身体两侧伸出40只手各持法器、法物，其中一手高举化佛于头顶，其他手各有一眼，组成圆形法光，组成观音的背光，如莲瓣编织而成的花环。在菩萨背光的两侧，是面面相对的吉祥天女和婆薮仙人，在其上方两侧是两身飞天，下方两侧是火头金刚和毗那夜伽神。这窟的观音画像造型生动、传神，画面布局丰满，显示出画师们高超的艺术技巧和素养。

文殊菩萨是敦煌壁画中另一重要题材。文殊菩萨是"智慧"的象征，与"理性"的象征普贤菩萨常胁侍于释迦牟尼佛左右。一般来说，文殊菩萨骑青狮，普贤菩萨骑六牙白象，与释迦牟尼统称为"华严三圣"。文殊经变图最早见于初唐洞窟壁画中，如莫高窟第220窟中的文殊菩

《千手千眼观音经变》
元代晚期作品。高2米，长2.4米，出自甘肃敦煌莫高窟第3窟北壁

萨，就分居于主室西壁龛外南北侧。此类文殊经变的基本造像特征显著，一般是手持如意，端坐于坐骑狮子身上的莲花宝座上。与观音一样，文殊菩萨也是身披菩萨天衣，全身有璎珞环钏装饰，头上有发冠。在文殊菩萨主尊身后左右，有众多胁侍围绕，还有各式伎乐菩萨，前面一般有天人引导，并有供养菩萨，狮子由昆仑奴牵引。到盛唐、中唐的吐蕃统治时期，文殊经变的画面内容更加丰富复杂，画中除了绘有持宝幢、执宝幡、捧香炉、托花盘的供养菩萨外，还有弹奏各种乐器的伎乐菩萨，以及护法的天龙八部神、帝释天、梵天、天女等，莫高窟第231、237窟的壁画就是如此。第231窟为中唐的代表窟之一。据东壁门上的题记得知，此窟开凿于839年，是敦煌世家豪族阴氏所建，因此又叫作阴家窟。主室窟顶为覆斗形，顶部为华盖式藻井，周围飞

《药师净土变》中的普贤菩萨
唐代吐蕃时期（836年）作品。绢本设色，全图纵152.3厘米、横177.8厘米，出自甘肃敦煌石窟藏经洞（第17窟）

《药师净土变》中的文殊菩萨及眷属（局部）
唐朝吐蕃时期（836年）作品。绢本设色，全图纵152.3厘米、横177.8厘米，出自甘肃敦煌石窟藏经洞（第17窟）

天旋绕。窟顶四披居中画说法图，周围布满千佛。西壁开盝顶帐形龛，设马蹄形佛床，残存塑像三身，龛内壁画联屏十扇，画有《萨埵饲虎图》等本生故事画。盝顶四披画瑞像图40幅。其中西披中央有一尊双头佛像，一身二头，高肉髻，身着袈裟，两手下垂，两手下各站一人，身穿长袍。在西壁龛外两侧分别画有《文殊变》和《普贤变》。南壁画有《天请问经变》《法华经变》《观无量寿经变》，北壁画有《弥勒经变》《华严经变》《东方药师经变》。第237窟也是中唐时期修建的，此窟的窟顶为覆斗形，西壁开盝顶帐形龛。窟内四壁绘有多幅经变画，西壁龛外两侧绘有《文殊变》和《普贤变》。在北侧《文殊变》中，文殊菩萨手持利剑，半侧面坐于狮子座上，昆仑奴牵狮，伎乐天轻歌曼舞，帝释天、梵天、菩萨、天龙八部神围绕在文殊身旁，远处云霞、山峦隐现。南壁的《观无量寿经变》中有反弹琵琶舞伎，舞者手弹琵琶，随着音乐翩翩起舞，长巾随着舞姿旋转变化，造型优美。

敦煌壁画中描绘文殊与普贤的画面有一个由简到繁的过程。在初唐和盛唐时期，文殊菩萨的经变图一般只有文殊、坐骑、昆仑奴3位。到了中唐、晚唐以及五代时期，画面就已经多达十几人了，身前身后有了众眷属、侍从、乐舞等，比如莫高窟第100窟。除了以文殊菩萨为画面中心的壁画外，还有一种是在维摩诘经变中的。维摩诘经变描绘的是维摩诘居士，精通佛理，为弘扬佛法，在毗耶离大城以身示疾说法，与前来探病的僧俗之人辩论佛法，无出其右者，文殊师利菩萨前往与其辩法。《维摩诘经变》在构图上较为特殊，是分别以维摩诘和文殊菩萨为一方而作对称布局，在各自一方又分别是以维摩诘和文殊为中心而展开的，因此大多位于洞窟门两侧。其中的文殊菩萨端坐于高座上，端庄郑重，表现出智慧神的气质，身下绘有前来问疾听法的中原帝王将相出行图。此类造像最早见于隋代，唐代表现最为成熟，以莫高窟第220、103、335、332窟为代表。发展到晚唐、五代、宋以及归义军时期，则以大幅画的形式出现，代表窟有第9、8、100、61窟等。

五代宋时期，还出现了一类"新样文殊变"的造像形式，以莫高窟第220窟重修的甬道图像为代表。在这类画像中，文殊菩萨骑狮，身后放千光，于阗国王驭狮，善财童子参拜。其中，文殊与于阗国王有题名，善财童子无题名。这类画像内容在敦煌藏经洞中被盗劫的不少版画中也可见到，只是版画因为版面所限省略了文殊菩萨的华盖。版画中的文殊菩萨坐于狮身上的莲花高座，正面，有背光、项光、头光，戴花冠，身穿菩萨天衣，左手抚胸前，右手执如意。狮子四蹄踩着四莲花，脚下四周是祥云。于阗国王位于文殊坐骑右侧，面向观众，

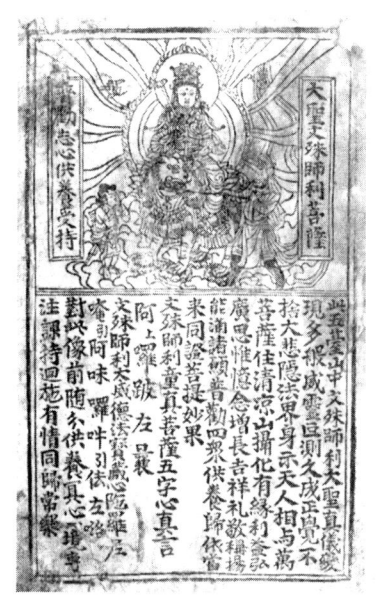

《大圣文殊师利菩萨像》
唐末五代刻本。高 27.8 厘米，长 16.7 厘米，出自甘肃敦煌莫高窟藏经洞，是中国现存较早的雕版印刷实物，文物价值极高

身披长衫，内穿红袍，高筒毡靴，站于祥云之上；善财童子站在左侧，垂髻打扮，上身半裸，下身着裙，绕带，屈身合十作礼拜状，同样有祥云缠绕脚下。文殊左侧题字是"大圣文殊师利菩萨"，右侧题字是"普劝志心供养受持"。

另外，在榆林窟第 19、32 窟，有传统文殊经变与新样文殊经变相结合的独特造像。新样文殊经变的出现是与五台山地区对文殊的特殊信仰密切关联的，莫高窟第 61 窟"文殊堂"是这种造像形式的代表。所谓"文殊堂"，是指洞窟中心佛坛上彩塑主尊为文殊菩萨像。在五代、宋初曹元忠作为敦煌地方最高统治者的时期，这种新样文殊经变最为盛行。

除了菩萨之外，敦煌壁画中数量巨大的还有天王和飞天像。天王和飞天在佛教中都是佛的护法神。佛教传入中国后，天王的形象越来越接近中国古代的将军，而飞天也逐渐与天女相融合，并慢慢变成佛讲法时站立左右的护法天王和飘飞在其周围散花或奏乐的仙女。天王和飞天多出现在菩萨等主体人物的周边，因为年代不同，各朝壁画中的天王与飞天也呈现出不同体态和形象。唐代时期的天王形象绝似唐朝将军，头戴戎帽，身着盔甲，显得孔武有力。出自于莫高窟第17窟藏经洞的《行道天王图》的毗沙门天是一个典型。《行道天王图》现藏于英国不列颠博物馆，描绘的是北方护持的毗沙门天及其随从护持巡察的场面。其中所画的毗沙门天王就是守护天下四方"四大天王"之一的行道天王。这件作品中的天王像用线生动飘逸，色彩富丽典雅，纹饰繁复，给人极强的艺术感染力。同样出自于莫高窟第17窟藏经洞的《北方多闻天王像》也是一件精彩的作品，天王凝眉龇目，形体粗壮，

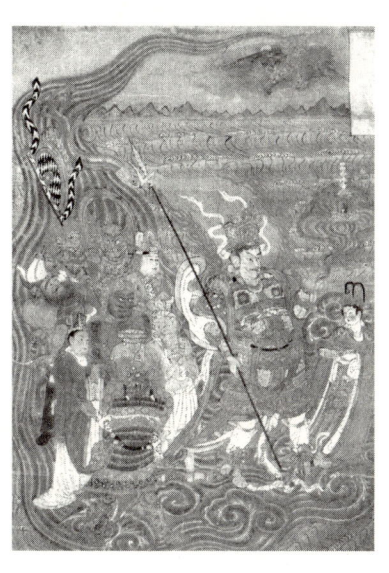

《行道天王图》
唐朝时期作品。绢本设色，纵37.6厘米、横26.6厘米。出自甘肃敦煌石窟藏经洞（第17窟），描绘的是毗沙门天及其随从眷属乘云渡海，前去巡查自己守护的领地的情形

《北方多闻天王像》
唐朝时期作品。绢本设色,全图纵50.5厘米、横17.5厘米,出自甘肃敦煌石窟藏经洞(第17窟),色彩浓丽,线条流畅飘逸

左手握拳,右手托塔,显得十分勇猛。

飞天在一开始出现时是一种狰狞的怪物,传入中土后,逐渐变为飞翔在天空中的神。传入中国后,飞天进一步发生变化,在北魏时期呈"V"字形,给人笨重之感;到唐代则变得体态轻盈,飘逸潇洒,色彩也更加明艳动人。最为典型的飞天形象眉清目秀,鼻丰嘴小,五官匀称协调。头有圆光,或戴五珠宝冠,或束圆髻。身体修长,飞翔姿态多种多样,或挥臂飞翔,或合手下飞。飞天起落处,花朵飘落,应合了"天花乱坠满虚空"的诗意。盛唐时期绘制的第320号窟的双飞天壁画就是这样一件作品,画中两位飞天一前一后飞翔于天空,姿态潇洒,身旁有祥云追随,在蓝色的底子下显得鲜艳夺目。

五代时期的《地藏十王图》也出自于莫高窟第17窟藏经洞,绢本设色,现藏于英国。全图以地藏菩萨为中心,他手持锡杖,半跏趺坐于山石上,左右方分别绘着十王,十王坐于桌前,桌上有账册,除一人身有盔甲外,其余九王均做文官打扮。地藏菩萨下方为审判罪人的场面。画有崔判官、僧道明、狮子、牛首狱吏、挥笔吏和戴枷罪人。罪人在镜前观看自己

《伎乐飞天图》

甘肃敦煌莫高窟第249窟壁画。伎乐天,是佛及菩萨的侍从,其主要职能是"娱佛"。此图中两个伎乐天绘于龛沿转角与佛像背光之间的几何形中,一人吹笛,一人起舞,具有空灵自由的神韵,此图是西魏壁画飞天中最具代表性的一幅

持阮飞天

西魏壁画。位于甘肃敦煌莫高窟(万佛窟)第285窟南壁

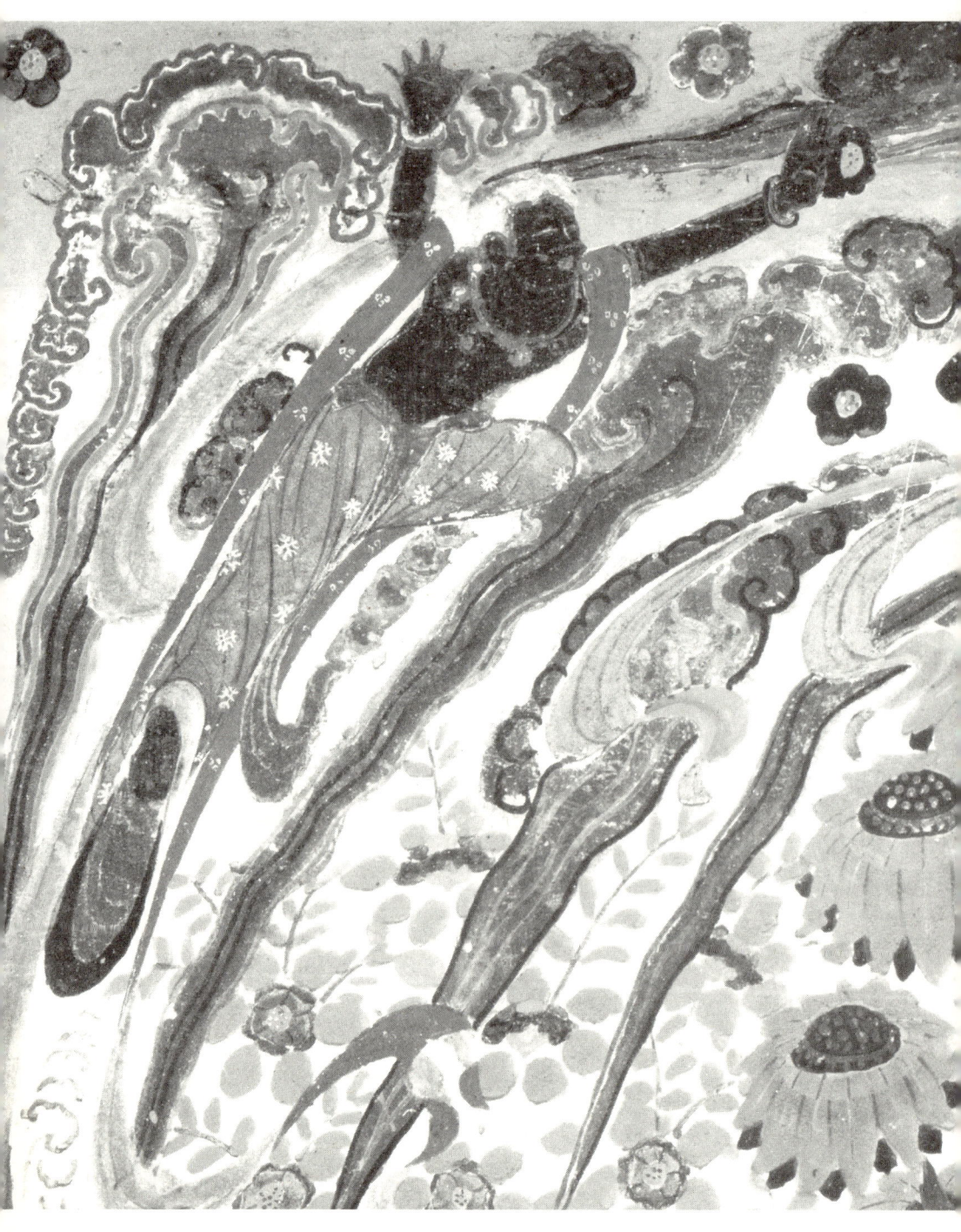
双飞天壁画
盛唐时修建的第 320 号窟双飞天壁画

曾犯下的杀牛罪。这幅绘画用笔流畅,色彩丰富,构图丰满,是一件充满丰富想象力的作品。

　　菩萨、天王和飞天的形象是构成敦煌壁画辉煌艺术的主要元素,他们的形象从早期的荒蛮简率,到繁盛时期的曼妙动人,经历了一系列的中原化改造。原有的西域风气逐渐减弱,本土化的气息逐渐浓厚。正如古人所说的"菩萨如宫娃",这些优秀的艺术形象也是现实生活的生动写照,深受现实世界人物形象和装饰的影响。总之,敦煌壁画中的这些艺术造型,是中国本土文化的生动体现和绝妙写照。

《地藏十王图》

五代时期(10世纪中期)作品。绢本设色,高91厘米,长65.5厘米,中国甘肃敦煌莫高窟第17窟出土,英国伦敦大英博物馆藏。画中的地藏菩萨坐在岩座上,两侧有冥界的15个随从。和狮子出现在岩座下的人物是沙门道明,为见证地狱的见闻,而再生还人世。最下面是拿着棍棒的牛头狱卒拉着被套住颈枷的死者的灵魂,前面的镜子会照出死者生前的恶业

小知识◎菩萨的含义

菩萨是梵文音译"菩提萨埵"的简称。"菩提"有"觉悟"的意思,而"萨埵"是"众生"或"有情"的意思,所以,菩萨的含义就是"觉有情""道众生"以及"觉悟的众生"的意思。据此,在中国古代佛教典籍中,菩萨常被翻译为"大士""圣士"等称谓,比如观音菩萨又被称为"观音大士",普贤菩萨又被叫作"普贤圣士"等。

◎盝顶

盝顶是中国传统建筑的屋顶之一,顶梁结构多用四柱,加上枋子抹角或扒梁,形成四角或八角形屋面。顶部是平顶的屋顶,四周加上一圈外檐。

◎飞天形象的来源

飞天原是古印度神话和婆罗门教中的娱乐神和歌舞神乾闼婆和紧那罗的结合体。被佛教吸收后,改为天龙八部众神中的两位天神,形象是马头人身。随着佛教的传播和艺术创作的需要,再经过中国艺匠的加工改造,由原来的狰狞面目,逐渐演化为眉清目秀、衣带飘逸、优美动人、翱翔天空的仙女形象。

6. 现实生活壁画

　　敦煌壁画中的一些现实场景的描绘则是当时人们现实生活的直接写照，其中的人物形象大多是以供养人形式出现的。出资造窟者为了求福、祈愿，在窟内彩绘窟主（功德主）和家族成员的画像。供养人本身就是现实世界的人物，从这些供养人的形象中可以得知当时各个阶层人物的服饰、礼制和生活情况。现实生活中的狩猎、比武、百戏、歌舞、宴享、耕田、收割、屠宰、车行、经商、行医、战争等，在壁画上均能够找到。如北魏时期莫高窟第249窟的《狩猎图》，描绘的是骑马人弯弓射虎的场景，在群山环绕中，烈马嘶鸣，猎手回头望月，一箭向饿虎射去，造型优美，动作夸张。在许多经变画中，我们也可以看到很多现实场景和人物。特别是隋唐时期的人物造型，由粗犷风格转向精致风格，女子体态丰腴，艳丽多姿。尤其是菩萨像，更极具现实生活中的女性之美，端庄文静，温柔亲切，一如凡俗，使宗教绘画的现实因素得到充分的发挥。

　　各类供养人画像中，早期主题是礼佛、祈福和修功德，晚唐以后则以炫耀家世和权势为主题。供养画像内容以豪强家族为主，包括吐

《商人遇盗图》

出自敦煌第45窟,是"观音经普门品"变相图的一部分。图中手持长矛着汉服者为强盗,戴胡人帽者为商人。这幅画的内容来自现实,反映了唐代与西域通商路上的艰险不易

《索家供养像》

晚唐作品。出自甘肃敦煌莫高窟(千佛洞)第144窟东壁。描绘了身穿中原官服的男女主人在礼佛时,相对跪于胡床上的情景

蕃、党项、蒙古等族的王公贵族，汉族藩镇的节度使、刺史及地方豪族大户。如《隋文帝礼佛图》说的是隋朝的故事：某年大旱，昙延法师入宫要求隋文帝及各大臣亲自为百姓祈雨，事毕隋文帝请昙延法师登上御座，坐北向南为隋文帝君臣传授八戒。如第130窟盛唐时期的乐庭环夫妇供养画像和第156窟晚唐时期的张议潮夫妇出行图。乐庭环是盛唐时期晋昌郡的太守，画中乐氏身着圆领蓝袍，腰带揩笏，手执香炉，身后跟着他的儿子们。乐妻王氏则被描绘成丰腴浓丽、雍容大度的贵妇人。在张议潮夫妇的出行图中，张议潮骑着红色的高头大马，前面是一排排的骑兵吹着号角，后面有猎手正在狩猎，身旁还有飞奔的黄羊和猎犬。张妻宋氏骑着白马，前后簇拥着侍从和侍女，旁

张议潮出行的仪卫马队
唐代晚期壁画。前为军乐队，后为军队仪卫队，出自甘肃敦煌莫高窟（千佛洞）
第156窟南壁

边是舞女行列，边舞边行，有乐队伴奏，前面还有一队杂技百戏，活脱脱一幅现实生活的场景。此外还有供养人群像，如有的洞窟是由多名供养人出资建造的，于是每个出资人都有题名，人数多达数十人、甚至上千人，一般为下层官吏、僧尼信徒、百姓民众、画工塑匠及仆人奴婢等。如北周第428窟中描绘的供养人多达近1200身。

五代时期的敦煌第100窟《曹议金和夫人回鹘公主出行图》与张议潮夫妇出行图十分相似，有人猜测是以后者为粉本而稍有改动画成的。曹议金是后唐庄宗时期统治瓜、沙二州的归义军节度使，924年，曹议金娶甘州回鹘圣天可汗的公主为第三夫人，这幅画便是描绘这一场景的。这幅《回鹘公主出行图》中的乐舞场面十分壮观，可惜有部分残缺，比如剩余的两位汉装女子起舞，似应为4人相对起舞；乐队原来规模很大，现在能看到的只剩下10余人。到了五代时期，杂技

骑马乐队
五代时期壁画《回鹘公主出行图》中的骑马乐队。出自甘肃敦煌莫高窟（千佛洞）第100窟

百戏已经十分盛行，这些古代的杂技在敦煌壁画中也常可见到，敦煌第72窟的《百戏图》里有"戴竿"的画面，图中有一男子头部顶竿，竿上有一人下腰倒立，左右各有一组乐队伴奏，乐队舞人均冠带齐整，与现代杂技十分相似。

在供养人中，我们还可以看到十分有趣的现象，即当时各民族的人物形象大都可以在敦煌壁画中找到。比如，敦煌莫高窟第285窟画中的男供养人就具有鲜明的民族特征。鲜卑族原来的习俗是辫发披发，束发戴冠是北魏孝文帝改制以后才出现的。北魏太和年间，孝文帝改革鲜卑旧俗，将辫发改为束发，当时就遭到王公贵族的反对，甚至连太子元询也反对孝文帝的这些改革，在孝文帝的大力推动下，才慢慢改变了旧俗，但一些顽固的王公贵族仍暗地里坚持旧俗。等孝文帝一

鲜卑男子供养人
甘肃敦煌石窟壁画。画中男子形象具有鲜明的胡人特征

死,这些人又起来反对孝文帝的改革,恢复了原来鲜卑的衣冠服饰及生活习俗。这些情形在敦煌壁画中留下了痕迹。第285窟壁画中的第一位男供养人头后垂有小辫子,就是鲜卑族的典型风俗。另外,鲜卑族的裤子与中原人也不相同。当时中原汉族的服饰是上衣下裳,即上身穿衣,下身穿裳,裳的下面穿"袴",但汉族的袴是开裆裤,没有前后裆,只有两个裤筒,而少数民族因在寒冷的塞外骑马放牧打仗,合裆裤不仅便于骑马,更利于防寒保暖,这幅壁图上男供养人的"袴"就是鲜卑等北方少数民族的合裆裤。因此,图上的这些男供养人都身着短大衣,下穿白色袴。另外,在《维摩诘图》中,我们也可以看到各国供养人的形象。在这幅壁画上,维摩诘与文殊菩萨正在辩法,各国供养人前往探视、礼佛,其中就有"昆仑奴"、"婆罗门"、西域胡人等,他们态度虔诚,神情肃然,手持供奉之物,正缓步向前,似要奉献给佛祖,而其形态各异的面貌则反映出各族人的特征。

除此之外,狩猎、比武、耕田、收割、屠宰、车行、舟行、经商、战争在敦煌壁画中也均可见到。有不少壁画是描绘动物的,其中主要是人世间的野兽和家畜,种类十分繁多,如马、牛、羊、虎、狼等。

战斗场景

甘肃敦煌壁画。描绘了隋朝时期的战斗场景

偷袭中的虎
西魏壁画《山林动物》（局部）。出自甘肃敦煌莫高窟（万佛窟）第285窟东披下段

莫高窟第249窟的窟顶北披有一幅精彩的狩猎图，描绘了崇山峻岭中进行着一场激烈的狩猎活动，画面上方的猎人骑着马，以驰射的方式，追捕奔逃的3头鹿，他的正下方是一只野牛。画面的左下方，有一个骑马的猎人正向前奔驰，一只猛虎从猎人身后扑来，而这位猎人则回头望月，揽弓回射，弓如满月，控弦发矢，一触即发。整个画面处在一个紧张激烈又很平衡的状态中。莫高窟第61窟甬道的南壁中部绘有"五百强盗成佛"的故事，这个故事又叫作得眼林故事，故事的内容是500名强盗作乱被国王讨平，被降服的500名强盗受到剜眼酷刑，哭天抢地，最后受佛度化入山修行。画面由8个情节组成，按时间先后顺序由东向西排列，形式与连环画很相似。这幅长卷般的绘画利用情节先后顺序进行编排，描绘了残酷的战争场面和山地树林的场景，

五百强盗成佛
敦煌莫高窟第285窟"五百强盗成佛"故事壁画。从画面上出现的披挂马甲的战马,可以想见1400余年前骑兵部队的战争场面

颇具写实意义。特别有意思的是莫高窟第85窟,在这个洞窟中有一幅关于《楞伽经变》的壁画,其中有一个屠宰房的画面,一个屠夫正在案板前切肉。他的左边挂着两排家禽骨肉,桌子上也放着骨肉,他的脚下是一只被屠宰后的羊,桌子边还有一条狗,活脱脱一幅现实生活的场景。与众多的菩萨、天王、飞天相比,这些描绘现实生活场景和供养人的绘画,更具人间的生活气息,而近乎写实的描绘手法,也为后人留下了难得的珍贵资料。

小知识◎张议潮

张议潮是沙州敦煌（今属甘肃）人，生于799年，死于872年。张氏家族世为州将，父亲张谦逸曾官至唐朝的工部尚书。大中二年（848年），张议潮率众组成归义军驱逐吐蕃，收复沙州（敦煌）、瓜州（西安）等地；并遣使者高进达等前往长安。大中四年（850年），又先后攻克伊州、甘州、肃州等地。大中五年（851年），张议潮派遣兄长张议潭携版图户籍入朝，唐宣宗遂赐诏任张议潮为归义军节度使。

7. 关于科技及天文、地理的壁画

在敦煌壁画中，还有一部分是关于科技及天文、地理的绘画。这些关于科技、天文、地理的壁画反映了古代中国人的智慧，当今天的我们站在这些壁画面前，也不由得对1000多年前的古人叹服不已。据专家统计，敦煌壁画中80多幅农作图基本反映了北朝至元代近千年的中国农业技术状况，这些农业技术包括有10多种生产活动，20多种

农忙时节
甘肃敦煌壁画。描绘了古代人耕种、收割、扬场的场景

二 千佛之窗 | 67

《刷牙图》
唐代壁画。出自甘肃敦煌莫高窟第196窟西壁《劳度叉斗圣变》，画中劳度叉左手持净瓶，右手执齿木刷牙，说明至少在唐代，中国人就有刷牙的习惯了

生产工具。较为典型的有盛唐时期第445窟的曲辕犁、五代第454窟的播种三脚耧等。此外，壁画中还绘有很多练功与运动、卫生保健、诊疗疾病等古代医学活动，其中唐代壁画中的揩齿、刷牙图是中国最早关于口腔卫生的绘画，这形象地证明中国人很早就知道刷牙保健了。

壁画中还有不少日天、月天与诸星等天文图像，这都是天文学方面的珍贵资料。发现于敦煌藏经洞中的《全天星图》就是一件珍贵的古代科技图，这本星图又称《敦煌星图甲本》，为绢本彩色手绘，长1.98米。星象图从12月开始，按照每月太阳所在的位置，把赤道带附近的天区分成12个区域，整幅星象图描绘了超过1300颗星星，在每月星图之间，还附有说明的文字，说明太阳在12次起点和终点的度数。在北斗星群的画面上，作者详细标注了星宿的名称和运行的位置及规律。这种绘制方式在后世一直被沿用。据有关研究表明，敦煌星图上恒星的位置虽然是古人用肉眼目测的距离，但却相当准确，这在今人看来是不可思议的。如果从时间上来看，这幅手绘星图要比欧洲发现的星图早几个世纪。在莫高窟第61窟甬道的壁画上，人们还发现了二十八星宿星官图、九曜以及黄道十二宫的内容。壁画在甬道的南北两侧各有一幅，内容大致相同，但北壁的壁画有许多残破，南壁则相对完整。在这幅壁画上，炽盛光佛坐于车内，九曜环绕在他身边。值得注意的是，壁画上的九

《送医图》
敦煌莫高窟第296窟壁画。描绘了医生前往病人家出诊的情形

《得医图》
敦煌莫高窟第296窟北周时期壁画。描绘了瘦弱的病人赤着上身半躺在席上，由两名亲属扶持着，而位于右侧的医生在为病人检查诊断的情形

曜都被描绘成人形，如太白金星的形象是一位绿衣的妇女，月神则被画成一名戴鸟形冠的妇女。二十八星宿的形象则酷似身着文官服饰的官员。关于古人看病、治病的内容在壁画上也有表现，比如敦煌莫高窟第296窟的壁画《送医图》，描绘医生前往病人家出诊的情形，而《得医图》则描绘了医生为病人检查诊断的情形。

关于古代科技生产的图像，在榆林窟第3窟中，还有冶铁手的画面，地面上放着一个古老的立柜式风箱，这应该是中国风箱的一种最早样式。画中有一人右手往炉里加燃料，左手用力在拉风箱，风箱的前面还有两个人抡动大锤在用力敲打，从这幅画中可以看到，中国古代冶铁技术很早就已成熟。这与文献记载的西夏冶炼业规模大、水平高的文字也是相符合的。

关于地理的图画，在莫高窟第61窟中，有一幅五台山图，图长13米，高3.6米，这是敦煌壁画中规模最大的山水、人物图，也是敦煌最大的全景式的历史地图。这幅图详细描绘了东起河北正定，西至

《西夏冶铁图》

敦煌壁画。这是中国现有最早的木风箱冶铁图之一

山西太原，方圆 500 里的山川地形及社会风情，图中所绘城郭、寺庙、楼台、亭阁、佛塔、草庐、桥梁等各类建筑多达 170 多处，给后人留下了珍贵的古代建筑、地理资料。

三 泥彩塑像

在敦煌石窟中,除了满壁生辉的绘画外,栩栩如生的泥彩塑像恐怕是最令人激动的艺术了。这些彩塑上起十六国,下至清代,历时千余年,现在还存有2000余身,基本完整的原作有1400余身,其他的大多经过后世上彩或者重塑。敦煌彩塑分布在以莫高窟为中心的洞窟中。塑像大小形制不一,既有高达30米的,也有仅十几厘米高的。佛像是敦煌彩塑艺术中最多也是最主要的部分,几乎在敦煌石窟的每窟中都可以看到,而且大多居于洞窟中的主要位置。

1. 敦煌泥彩塑像的发展

亲眼见过敦煌彩塑的人大多会有这样的感受：洞窟中的彩塑方法常常将洞窟塑像和壁画融为一体，既可相互衬托、互为补充，又大大增加了艺术上的感染力。作为中心的佛像及其弟子菩萨，与身后的壁画相呼应，既维护了整个洞窟的和谐统一，又衬托出佛像在洞窟中的主体地位，一举两得。在1000多年的历史中，敦煌洞窟中的塑像有数千尊之多，虽然都是塑造同一类或几类题材，但在造型上却并不单调，在色彩上更是丰富多样，这是敦煌彩塑之所以精彩的重要原因。同一种神像在不同时代不同艺术家手下，被塑造成形神不同、性格迥异、千姿百态的模样。从技法上来看，由于莫高窟地区的山石是坚硬的砾岩，很难雕刻，因此，泥塑妆銮法成为经典的彩塑技法。具体的做法是：先根据对象的动态，用木制的骨架做出大体形态；然后在骨架上抹上粗泥，做成坯胎；再用捏、塑、贴、压、削、刻等技法，塑造出具体的形象。塑型完成后，用棉花或麻筋、细沙、胶泥混合的泥膏对局部进行修正，最后完成整个塑像。塑像形体完成后，还需要涂上胶质白垩的底子，画出手、脸、足和皮肤等细节，使之色泽鲜亮。在这些环

莫高窟第 275 窟交脚弥勒
摄于莫高窟陈列馆仿窟内。莫高窟第 275 窟开凿于北凉时期，是莫高窟现存最早的洞窟之一。色彩以棕色为底，塑像造型凸显人物的立体感，壁画的编排也有一定的逻辑顺序

节都完成之后，一尊栩栩如生的塑像就全部完成了。

与敦煌壁画一样，敦煌的彩塑也经历过一个西化和东渐的过程。莫高窟现存最早的洞窟开凿于 430 年至 439 年间，即北凉时期。这里面的一尊交脚坐式的菩萨像明显带有西域犍陀罗艺术的特点。在佛教的早期，佛陀的形象并不是具体的人像，而是用菩提树、宝座、爱三峡、爱三论塔、舍利和佛足印来象征佛的存在。但是，传入中国后，佛教彩塑在吸收、融合西域雕塑风格的同时，也融入了中国的传统艺术元素，使彩塑逐步成为自成体系、风格独具的民族化艺术。早期彩塑的题材范围较为狭窄，多为佛的单身像，没有胁侍随从。北魏时出现了

胁侍菩萨像，但一般为一佛二菩萨的简单组合。到北周时期，塑像中又增加了迦叶、阿难二弟子像。到唐代，彩塑进入全面繁荣期，造像题材方面大大拓宽了，塑像增至7至9身，最多达11身，群像中出现二天王、二力士、二或四身供养菩萨。

早期的彩塑体现出北方民族的气质特征，具有古朴、浑厚、粗犷、庄重的风格。这一时期主要包括十六国、北魏、西魏、北周四个时代，共经历180年。早期的洞窟在形制上主要有三种。第一种：禅窟，塑像位于正龛。第二种：方形或长方形殿堂窟，塑像位于正龛或南北内壁列龛内。第三种：中心柱窟，塑像位于长方形柱四面的龛内。早期的彩塑既有以佛像为主的圆雕，也有附属性的影塑。圆雕塑像多为佛教崇拜的主要偶像，如释迦牟尼、弥勒佛、说法菩萨像、禅定菩萨像、思惟菩萨像，以及中心柱四面宣扬释迦牟尼生平事迹的苦修、降魔、成道的塑像。佛像一般都有侍从菩萨，组合成一佛二菩萨的形式。敦煌早期洞窟中的彩塑多以弥勒菩萨像或佛像为主像，一般都在中心柱或南北壁的上层阙形龛中，表示弥勒高居"兜率天宫"。其中，北魏时期的第257窟弥勒像最多，正壁一身大型弥勒菩萨，跌坐在双狮座上，左右两壁龛中各塑一排小型交脚弥勒和思惟菩萨。弥勒是佛教所谓"未来的佛"，是"兜率天宫"的主宰。附属性的彩塑主要位于中心柱的四面，这样的彩塑有飞天、

敦煌第257窟思惟菩萨像
弥勒菩萨右手支头，右脚平置左膝上，左手枕右脚脚踝，作思惟相

供养菩萨等,除此之外,还常在龛楣上出现交龙和羽人,在龛柱上出现龙头、凤首等。另外,还有一些彩塑带有地方色彩的传统题材,如第297窟龛楣上的交龙羽人像,以龛梁为龙身,羽人脚踏在龙背上,这很容易让人想起秦汉墓室中的羽人乘龙形象。

在结束了300年分裂局面之后,隋王朝统一了中国,在隋文帝的治理下,中国重新走向富强。正是在这个时候,丝绸之路被重新贯通,中原和西域各国间的交流再次频繁起来。作为丝绸之路的重要关口,敦煌也随之更加繁荣。在短短30年中,敦煌开建和重修的洞窟多达94个,几乎是乐僔和尚开凿莫高窟200多年来总数的一倍。更加值得一提的是,热衷佛教艺术的隋文帝明文要求为佛造像,他认为只有雕

莫高窟内的佛像
民国时期拍摄的莫高窟内的佛像

供养人像
唐代作品。这尊单腿跪姿供养人像,上身裸露,下身着裙,造型饱满,虽然双臂缺失,但仍给人一种轻盈秀丽、活泼生动的感觉。现藏于国家博物馆

刻佛像才能确立人们心中对佛的崇拜,而只有形神兼备的艺术风格才能让普通大众认识佛的真容。这一主张沿着丝绸之路传到敦煌,并为莫高窟彩塑工匠们所接纳。因此,与魏晋时期相比,隋朝的彩塑显得更贴近现实人物,也更合乎真人的身体比例。到了唐朝,中国进入历史空前强势的时代,中原文明远播东西方诸国,而西方文明也通过丝绸之路传入中国。唐代是一个充满朝气和民族信心的时代,这个时代培育造就了敦煌彩塑艺术发展的顶峰。唐代敦煌彩塑的技艺更加成熟,手法也更加细腻写实,人体的技法表现从正面及半侧身扩大到全立体的彩塑,肌肤的质感表现更加细致入微。

在隋唐时期,方形佛殿式成为洞窟中的主要形制,其具体方法是:在正面大龛中放置以佛为中心的群像,少则3身,多至11身,佛两侧侍立着弟子迦叶、阿难、菩萨观音、势至、南北天王和金刚力士。

这种主从有别、坐立有致、文武兼备的放置方式，已成为隋唐时代造像的最主要方式。隋唐时期，有些洞窟中心设须弥坛，坛上放置群像。窟顶一般有华盖式的藻井，地面则铺上莲花方砖，四壁画各种经变，造成"一窟之内，宛然三界"的宗教世界。隋朝时期，在莫高窟塑造的大量佛像中，出现了成铺的"三世佛""三身佛""接引佛""弥勒佛""释迦牟尼佛"等，一铺像多达7身，大型塑像高达四五米。当大唐艺术开始成为东方最灿烂的艺术的时候，敦煌的彩塑工匠们也开始将东方的审美理想和本土文化悄悄渗入这些原本来自西域的佛陀们身上。于是，这些肃然静立或者静坐的佛陀菩萨们，被换上了具有中原特征的长袍宽带，而佛陀脸上的神情，也变得如同中国文人画中士大夫那样静逸、脱俗，从他们的眼缝、脸颊、嘴角乃至身姿上能清晰地读到东方人特有的含蓄和静谧。

五代天王像

此天王身着盔甲，怒目远视，胸部饱满，但面容却似稚气未脱的少年。与唐代彩塑相比，缺少一丝神韵

到五代宋初时期，瓜州、沙州的统治者是曹议金家族。曹议金与中原宋王朝保持着密切联系，同时通过各种方式，也与北方的辽、西方的于阗、甘州回鹘等政权建立了密切联系，这使得敦煌在此后的百余年中维持了安定的环境。曹氏家族设立画院，召集工人、画工和塑匠，在敦煌开窟造像。五代宋初的洞窟多在下层，因容易遭到破坏，现存塑像已不多。在曹元忠建造的窟里还保存着一铺完整的宋塑，包括佛、菩萨、弟子、

天王、金刚力士等10余身。

不过，总的说来，尽管五代以后佛教仍在流行，但由于政治、经济、军事较之以往都发生了很大的变化，中原政权的势力衰减，再加上佛教本身的衰落，敦煌彩塑也开始衰落就不可避免了。

小知识◎犍陀罗国的范围

犍陀罗国包括现在的印度、阿富汗、巴基斯坦等地。犍陀罗国的范围因为战争等原因经常变迁，公元前4世纪，亚历山大入侵印度时，它的都城在布色羯逻伐底，即现在巴基斯坦白沙瓦城东北处。1世纪时，贵霜王朝兴起，从印度北方开始扩张，将喀布尔河一带并入进来。迦腻色迦王时期，犍陀罗国的都城在布路沙布逻，即今天的白夏瓦地区。

◎藻井

藻井是我国古代殿堂室内顶棚的一种独特建筑形式，其雏形出现很早，早在古人穴居时就有在穴洞顶部开洞以纳光、通风、上下出入的习惯。出现房屋后，仍保留这一形式。其外形像个凹进的井，"井"加上藻文饰样，所以称为"藻井"。据《风俗通》记载："今殿作天井。井者，东井之像也。菱，水中之物。皆所以厌火也。"东井就是井宿，二十八星宿中的一宿，主水的星宿，在殿堂、楼阁最高处作井，同时以荷、菱、莲等藻类水生植物纹样装饰，都是希望能借水来压伏火魔的作祟，以保护建筑的安全。

◎三世佛

三世佛，俗称"三宝佛"。根据印度哲学，时间和空间是混淆的，因此，三世佛分为以空间计算的"横三世佛"与以时间计算的"纵三世佛"。"横三世佛"指释迦牟尼佛、东方药师佛、西方阿弥陀佛。"纵三世佛"指过去的佛——燃灯佛，现在的佛——释迦牟尼佛，未来的佛——弥勒佛。

◎三身佛

三身佛指的是：法身佛（毗卢遮那佛），代表佛教真理（佛法）凝聚所成的佛身；报身佛（卢舍那佛），经过修习得到佛果，享有佛国（净土）之身；应身佛（又称化身佛，即释迦牟尼佛），指佛为超度众生、随缘应机而呈现的各种化身。

2.敦煌泥彩塑像的特点

从造型上看,敦煌各个洞窟中佛的形制比较稳定,历代除了在风格上有差异之外,形体变化不大。早期洞窟中比较常见的是交脚弥勒像,释迦牟尼佛说法、苦修、禅定等像。隋唐及其以后又增加了三世佛、三身佛、药师佛、倚坐弥勒佛以及释迦涅槃像等。历代佛的彩塑造像的特点十分统一:端庄严肃,超凡脱俗,神性毕露。如北魏时期莫高窟第259窟的坐佛、初唐莫高窟第96窟的弥勒佛、莫高窟第130窟的弥勒佛,以及中唐吐蕃统治时期所造的莫高窟第158窟大卧佛等,都可称为敦煌佛像彩塑的经典之作。敦煌彩塑的主要形式有圆塑和浮塑两种形式。由于所塑造的对象地位、形制不同,塑像在窟内的位置也有很大不同,主要有独立式、向心式、多中心式以及平列式。独立式是单身塑像,一般与其他塑像没有关系;向心式多用在佛与其弟子群像的塑造上,一般佛居中,两侧对称排列弟子菩萨、天王和力士,佛与弟子之间有尊卑关系;多中心式则是好几组塑像按照尊卑进行组合;平列式主要用在造型一致、按纵横等距排列的影塑千佛上。总之,在排列中,首先要考虑佛的中心位置,再安排菩萨、力士等的位置。

但是，敦煌洞窟中早期塑像的风格并不稳定，人物造型、衣冠服饰，都在不断发生变化。北魏孝文帝改制以前，彩塑人物的面部呈椭圆形或者丰腴而显得较长，鼻梁高隆直通额际，眉长眼鼓，肩宽胸平，有典型的西域人特点。早期的塑像一般是端坐龛中或者是站立着，很少有动态的造型。佛像穿右袒式或通肩式赤布僧伽梨红色大衣，身上饰有繁密的衣纹，给人以"曹衣出水"之感。菩萨则高髻宝冠，发披两肩，上身半裸或斜挎"天衣"，腰束羊肠裙，衣纹塑造中掺有犍陀罗手法，这也是从西方而来的。值得注意的是，塑像体态健硕，神情端庄，色彩明快，造型厚重，手法简朴，已经可以看到中原地区传统雕塑艺术对其的影响了。

孝文帝改制以后，在统治阶层的提倡下，中原汉式衣冠开始在北方流行，而南方"秀骨清像"的艺术风格渐渐传到了敦煌。在北魏宗室东阳王元荣出任瓜州刺史前后，特别是西魏时代的塑像，大多面貌清瘦、眉目疏朗、眼小唇薄、身体扁平、脖项细长，显然有中原人的特点。这一时期的佛像内穿交领襦，胸前束有带自作小结，外套是对襟式的袈裟。菩萨有上身半裸、腰围长裙、披巾交叉于胸前的，也有大冠高履、褒衣博带的，早先西域式的菩萨演变成了中原士大夫的形象了。还要注意的是，此时塑像表现的内容较之以前也增多，性格

天王彩塑
此像出自甘肃酒泉敦煌，莫高窟第322号窟，为初唐时期的天王彩塑，其手法纯熟，气韵生动，活脱脱一副人间武士形象

表现愈加活泼生动，佛的庄严慈祥、力士的威猛粗犷、菩萨的清秀恬淡、飞天的飘逸潇洒等，都越来越明显。

到隋代，彩塑造像的风格和特点发生了变化。头部造型圆中见方，转折棱角分明，额宽而扁平，眉骨陡峭，身躯伟岸，具有敦厚凝重的特点。胁侍菩萨身上的装饰都施以浓厚而艳丽的色彩，绘制手法细密精致，更加细腻写实，色彩更加富丽堂皇。彩塑由唐初的清瘦秀丽、潇洒而质朴，到盛唐时期的丰肌秀骨、雍容华贵，再到中晚唐时期的丰隆肥硕，一直朝着"以肥为美"的审美趣味发展。总体看来，唐代佛像造像的风格都具有健康丰满、精致细腻、绚烂多姿的特点，仅此一点，就与先后各代拉开了距离。更值得一提的是，唐代彩塑的技法表现从正面及半侧面，扩大到全立体的彩塑，无论从正面看，还是从侧面看，唐代工匠对人体解剖结构细致入微的把握都是准确到位的。当今天的人们面对这些作品时，不能不被古代工匠们如此高超的写实功力所深深打动，只有高超的艺术技巧和深刻的洞察力才能创造出如此精彩绝妙的彩塑艺术。

塑于盛唐时期的莫高窟第45窟西龛北侧的迦叶和观世音菩萨塑像手法细腻写实，刻画入微。迦叶为佛陀的首席弟子，性格刚毅、持律谨严，塑像因之强调其颧骨与嘴唇。丰满的额头下眉头紧蹙，显示出其成熟的思虑；鼻梁挺直，表现出其权威的气派；嘴角微带讥讽，

胁侍菩萨像
此像具有唐代佛像造像的风格：健康丰满、精致细腻、绚烂多姿

令人感受出其雄辩的口才。观世音菩萨微笑倾斜的头部与微举而缓的右手,似乎在倾听、悲悯、抚慰祈祷的众生,其顿时在众生面前神圣起来。菩萨像是仅次于佛像的最主要的佛教尊像。菩萨不像佛那样威严,其女性化的身姿、性格,使之逐渐成为人们心中理想化了的艺术形象,大有取佛而代之的趋势。如莫高窟第194窟的菩萨,面相丰腴,肌肤光洁丰润,人物神态安详,简直就是一位贵妇人。还有很多菩萨上身全裸,饰以璎珞,身着长裙,颇显贵妇人的风采,反映了唐人以胖为美的习尚。还有一点值得注意,以浓郁的女性化特征来装饰严肃的佛窟,充分说明唐人开放的个性及对艺术美的大胆追求。

菩萨像
菩萨的典型形象:面相丰腴,肌肤光洁丰润,人物神态安详,简直就是一位贵妇人。还有很多菩萨上身全裸,饰以璎珞,身着长裙,颇显贵妇人的风采

在五代宋初,敦煌彩塑的形象衣饰仍保留着唐代的遗风,少数洞窟里的彩塑规模甚至超过了唐代。敦煌莫高窟现存西夏和元代的塑像很少,只有释迦牟尼、多宝菩萨并坐像,说法菩萨像等,内容、手法与宋代没有什么差别。不过,也有例外,在西夏的小龛中有二身供养天女像,头梳垂鬟髻,身穿当时贵族妇女的礼服——褂衣,一副世俗打扮,其形象额宽颐小,鼻梁与额齐平,具有西夏人的典型特点。

与壁画一样,唐代的敦煌彩塑也在整个敦煌艺术史上达到高峰,到五代和北宋时期,敦煌彩塑艺术开始走向衰落,尽管题材、布局、造型、装饰,乃至表现技法都延续了唐代的彩塑,但却没有了唐代彩

三 泥彩塑像 | 83

塑健康丰满、传神感人的风姿与妍丽华美、圆润流畅的面貌。元代以后，敦煌的洞窟开凿较之以往大大减少，彩塑作品在数量上也不及前朝，质量更是不如前者。这不能不说是一种遗憾。

小知识◎北魏孝文帝改革

> 北魏孝文帝（467～499年），原名拓跋宏，471年至499年在位。为了加快北魏的封建化进程，促进国力的增长，495年，他正式迁都洛阳，命鲜卑贵族汉化，采用了汉族统治阶级的政治、经济制度。北魏孝文帝的改革使北魏政治、经济有了较大的发展，创造了和平的环境，各族人民交往频繁，使民族融和步伐加快，为北方经济的恢复发展做出了贡献，也使少数民族生活方式汉化了。

◎ "曹衣出水"

"曹衣出水"又称"曹家样"，是由北齐曹仲达创造的中国古代人物衣服褶纹画法之一。唐代张彦远《图画见闻志》说曹仲达的人物画，衣服褶纹多用细笔紧束，似衣披薄纱，有如刚从水中捞出之感，后人因之命名。

3. 敦煌彩塑的保存和研究

令人欣慰的是，敦煌彩塑虽历经千年风霜和朝代变迁，却保存得十分完好。这个地方远离中原，因此，各个朝代更替所带来的战火，都没有能够侵扰到这个宁静而神圣的佛国。在敦煌的工匠中，有无数匠人祖孙三代都从事这样的工作。经过隋唐盛世的开凿后，敦煌洞窟的开凿逐渐减少，但是在五代仍有新的洞窟和新的艺术作品出现。古代工匠的高超技艺现在只能从他们所留下的艺术作品中揣摩了。幸运的是，在目前保存下来的敦煌莫高窟第72窟的壁画上，我们还可以看到当时工匠们进行彩塑的场景，从中可以看到彩塑创作的细节。莫高窟第72窟南壁中央绘制的这幅壁画，描绘了凉州圣容山瑞像的佛头安放过程。在这幅画的细节部分，我们可以看到当时工匠们制作彩塑佛像的画面。在敦煌石窟中，之所以没有石雕，是因为此地的岩体结构属于砾石岩层，这种岩层是由细沙和砾石沉积黏结而成的，一旦开凿就会崩落，因此不能在这样的岩石上雕刻造像，只能采用泥塑的方式。我们在这幅画的局部上发现了彩塑的过程：首先，塑匠们在人工制作的木架上捆绑苇草；然后，在苇草的外面先附上粗泥，粗泥干

菩萨像

这尊菩萨像出自盛唐时期,其身着圆领长襦裙,细眉高挑,修目下垂,虽然口唇部描绘了三撇胡须,但是整个身躯已经明显女性化,加之整个人体中轴线呈轻微的"S"形变化,体态身段显得更加柔美丰润

了以后,再在上面敷上细泥,压紧抹光之后涂上白粉;最后,用颜料和墨在上面进行彩绘。这种彩塑工艺就是敦煌莫高窟特有的塑造工艺。古代工匠们所创造的这种技艺是在长年的经验基础上形成的,如果简单地用泥来塑形,泥巴干了以后就会裂开,有的时候,泥巴还没有干透,就变形开裂了,无法在上面进行彩绘。

为了保证塑像不会发生开裂的现象,而且便于上彩和保存,古代工匠们花费了很多时间进行试验,他们在泥巴中加入了不同的植物材料和细沙,经过无数次的失败,最终摸索出了一套完美的制泥和塑像方法,这就是在泥巴里边加上百分之三十的细沙,再加上棉花、麻、麦草等植物原料,这样最后塑成形的塑像不会开裂,也不会收缩干瘪。

从隋唐开始,政府就有对敦煌彩塑进行管理保存的专门人员,为了更好地保障和提高彩塑创作的水平,官员们将工匠们分成各个级别,在五代的曹氏时期还效仿中原地区，设立官办的画院。彩塑的工匠们有一定的级别和分工，他们按照手艺的熟练水平，分别从事不同的塑造工作。在晚清之前，敦煌洞窟里的彩塑保存基本完好，经历一些偷盗者的损毁后，目前仍有数千件各代彩塑作品。因此，与壁画相比而言，敦煌的彩塑保存是相当不错的。目前，对于彩塑的保存已经有了现代化的方法。敦煌研究院引入了3D技术将彩塑佛像数字化，在电脑里将彩塑的造型和色彩复原，使人们可以通过电脑立体观看敦煌的彩塑。

对于敦煌彩塑的研究，早在20世纪五六十年代就开始了。从70年代末开始，大量的先进科技不断被引入石窟保护的各个方面，如石窟地质与环境调查，环境监测与质量评价，用新技术、新材料加固石窟，

菩萨头像
这尊唐代菩萨头像发髻顶向后作分式，细眉高挑，修目下垂，轻抿双唇微带笑意，给人一种温和高雅之感

综合性防风固沙，用数字技术对壁画信息进行储存，开展游客承载量研究，采用计算机建立石窟文物、工程和保护修复档案等。敦煌研究院院长樊锦诗说，新技术、新材料、新手段的不断引入，极大丰富了敦煌遗产的保护技术和保护手段，有效改变了石窟内部及其环境的保护状况，使敦煌遗产的保护工作从原来的抢救性保护，过渡到了科学保护阶段。在敦煌研究院，很多敦煌彩塑的研究者年复一年地在洞窟里工作。他们不仅对洞窟里的彩塑佛像进行摹绘，还通过三维技术复原残损的塑像，使这些已经失去往日风采的彩塑重新恢复原有的模样。对于敦煌彩塑的科学保护，使敦煌的这些艺术品能够更久远地流传下去，为后人提供了研究和考察敦煌艺术瑰宝的条件。

四 敦煌的装饰工艺

敦煌的装饰工艺是敦煌石窟艺术的一个重要组成部分，它装饰于建筑（石窟本体及其木构窟檐）、塑像与壁画，同时也具有自身的独立形态。装饰工艺与壁画、塑像、建筑的关系相互依存，相得益彰，缺一不可。与其他艺术形式一样，装饰工艺也随着时代的不同呈现出不同的特点与风格。

1. 敦煌装饰工艺的发展

敦煌石窟的装饰工艺也有一个从简到繁，从幼稚到成熟的发展过程。装饰工艺从魏晋南北朝开始就在敦煌石窟中出现了。但是，这一时期的装饰形式比较简单，主要以莲花、水涡纹和三瓣叶忍冬草等植物的反复出现组成图案，在平棋式的藻井图案上利用了井字形"斗四套叠"的仿木构建筑的结构，以莲花为藻井的中心图案，四边配上飞天和火焰纹，飞天上身半裸，有明显的西域风格。在色彩上，这一时期的装饰图案跟壁画和彩塑一致，以土红色为主色调，其中间或有石青石绿色，以深褐色或者黑色作为衬托，再在其上点缀以白点、白线。莫高

环绕洞窟顶部的天宫伎乐
北凉时期的壁画。出自甘肃敦煌莫高窟（万佛窟）第272窟窟顶西披

窟第285窟是西魏时期开凿的洞窟，位于莫高窟的9层楼北边，曾经历过唐、宋、西夏、元时期的重修，在窟内北壁上，题有西魏时期的发愿文题记。整个洞窟呈平面方形，覆斗形顶，西壁开了3个圆券龛，南北壁各凿有4个禅窟。窟顶以莲花为井心，四周用卷草图案进行装饰，垂幔铺于四披，藻井的四角有兽头衔珠流苏的图案。窟顶上绘制有佛教中神仙的形象，在空处用云纹进行装饰。观者仰望整个窟顶，似乎进入神仙的世界，满壁满眼，都是仙境。

北朝时期的敦煌装饰图案较为简单，纹样种类少且组合也不复杂，边饰一般是同一纹样的反复连续，藻井的样式以几种边饰相连，中间置一莲花，纹样主要有莲荷纹、忍冬纹、几何纹、云气纹、祥禽瑞兽纹等。莲荷纹是我国传统的纹样，战国时就已出现，秦汉时期就被人

孔雀纹
北周时期壁画中的孔雀纹。位于甘肃敦煌莫高窟（万佛窟）第428窟人字披西披南

四 敦煌的装饰工艺 | 91

装饰在建筑上。忍冬纹是北朝石窟中最为常见的一种纹样,其造型简洁朴实、自由活泼、变化多姿,多以三瓣或四瓣植物叶形,利用正、反、俯、仰的变化,组合成形象鲜明活泼的纹饰。在敦煌石窟中,它的典型装饰方法是以一个单叶忍冬纹样作基本单位,组成单叶波状、双叶藤蔓分枝、四叶边琐等式样,一般描绘在土红色的底子上,有生动而朴实的美感。

隋代图案在北朝图案的基础上,进一步吸取中原汉传统文化艺术与新来的西亚风格艺术,创作出内容丰富、变化多端、纤细秀丽的纹样。隋代的装饰风格特点充分表现在更为流畅和细密的线条上。藻井的中心图案依然是莲花,但井心外围的装饰更加丰富,除了三瓣叶的图案外,还有类似于菊花等花卉图案。此外,波斯萨珊王朝时期的"联珠纹""狩

敦煌西千佛洞壁画中的装饰纹样
此装饰纹样排列紧密,色彩对比鲜明

猎联珠纹"和"对鸟联珠纹"也出现了。与前代相比,莲花四周的图案也发生了变化,过去的水涡纹越来越少,而飞天图案大量出现,藻井被装饰得更像是远离尘世间的天堂。在色彩上,除了石青、石绿以外,还增加了亮丽的曙红、浅黄色、金色,再配以细密的白线和白点,形成精致细腻的装饰风格,为唐代堂皇富丽的风格奠定了基础。

唐代的装饰特殊表现在藻井上。一种是大莲花藻井,井心画一大莲花,井外边饰比较单纯,与隋代图案相差不多;另一种是在井心部分以石榴葡萄纹装饰,纹样为十字形或米字形,这是一种新的纹样藻井。盛唐时期的图案仍以藻井和边饰为代表,但藻井的井心较小,井心莲花呈团形,井外边饰层次增多,纹样以大团花、大菱格纹为主,

敦煌莫高窟的石刻
甘肃敦煌莫高窟的石刻也运用了壁画装饰的方式

百花蔓草、半团花、多瓣小花等纹样也出现了。唐代图案的风格是丰富多样的，同时也是单纯的。丰富是说，在唐代敦煌的200余窟内的图案千变万化，令人目不暇接，丰富到了极致；说其单纯，是指其所有图案的母体纹样是极其简单的，比如简单的花卉形状、简单的动物图案，但是就是在这个简单的母体图案基础上，唐代的工匠们创造出了令人惊叹的繁复样式。这不由得不让我们赞叹他们无穷的创造力。

五代、宋、西夏时期的装饰色彩以石绿为主色，配以深熟褐和黑色，对比鲜明。但与唐代相比，这时期的装饰图案变得单调了，纹饰上出现了较多由如意头组成的莲花团花和回纹。元代以后，敦煌石窟的装饰在接续宋代装饰的同时，在技法和题材上出现了新的变化，比如藏传密教的出现，这导致元代的壁画和装饰风格带有浓郁的藏画风格和神秘的气氛。元代以后，由于敦煌的衰落，装饰工艺的发展也就几乎停止了。

凤首龙纹样
西夏壁画。出自甘肃敦煌莫高窟（千佛洞）第400窟窟顶中心

2. 敦煌装饰工艺的特点

根据常沙娜等专家的整理，敦煌石窟中的装饰工艺大约有十类，分别是藻井图案、人字披图案、龛楣图案、华盖图案、背光图案、佩饰图案、边饰图案、单独图案、地毯及桌帘图案、花砖图案。有人认为，与壁画、雕塑相比，装饰工艺似乎只是一种作为背景的艺术，这显然是一种误解，无论敦煌艺术中的壁画、彩塑艺术价值和历史地位多么高，都不能替代装饰工艺的重要地位。作为对建筑、壁画、彩塑进行装饰的艺术形式，敦煌石窟中的装饰艺术是与建筑、雕塑、绘画紧密联系的，在历代的发展变化中，逐渐具有鲜明的民族特色，形成和谐而艳丽的艺术风格。

敦煌的装饰图案一般位于石室内，而石室的结构又随着时代有所变化，因此，装饰图案的布局也随之发生变化。

魏晋时期的石窟的形式一般是人字披的殿堂，后面有中心龛柱，工匠们一般在窟顶画平棋图案。隋代时期的石窟与魏晋时期大致相同，但间或有一部分方形或长方形倒斗式的窟顶。到了唐代，石窟一般都是作正方形的形式，这种正方形的石窟的四壁和窟顶一般都布满了壁

凤狮纹花边
五代时期壁画上的凤狮纹花边。位于甘肃敦煌莫高窟（千佛洞）
第61窟窟顶藻井

画。佛陀和菩萨的造像一般都设在对着入口的墙壁中央的佛龛里面，也有一些造像位于窟内中央的佛龛或窟内中心须弥座上。造像周围的壁面上画满了说法图、经变图和佛传故事画，装饰图案则是穿插在这几个部分之间，这不仅需要绘制者独具匠心，还需要有对彩塑、壁画的深刻理解。

从布局上看，装饰图案大多位于窟顶的藻井、平棋、人字披椽之间。具体到壁画上，诸如佛的背光、边饰、龛楣、华盖、佩饰、地毯、服饰、栏板、莲座、地面花砖等部分，也是精美图案装饰的地方，除了这些，在石窟内部的其他空白部分也可以绘制各类花草、云纹、火焰纹以及动物的装饰图案。

莫高窟壁画中的装饰图案画主要位于平棋和藻井。平棋的艺术形式是从木结构建筑脱胎而来的，一般是连续整齐的方形图案。北魏、西魏、北周石窟中心柱周围的平顶作较大的方形棋格图案，中心绘莲花、飞天，周围沿边有边饰。宋代和西夏的窟顶披面分为较小的四方形棋格，绘莲花或者宝相花等。

藻井是我国古代宫殿建筑中象征"天井"的装饰，所谓"交木为井，画以藻文"。敦煌洞窟中的藻井多为方形，一般绘有莲花、宝相花、飞天、三兔、团龙、双凤、龙凤等，四周环绕多层带状的边饰图案。外围一般绘制垂帐、璎珞、金铃等纹饰。比如隋朝第407窟、初唐第205窟的藻井，有一个三兔组合而成的图案。三兔环绕成一个圆，每只兔子的耳朵相互连接，十分有趣，也十分巧妙。第329窟初唐时期的藻井的中心是莲花图案，在其周围，有四位飞天作逆时针方向飞翔，幔帏之外的四边有十二身飞天也是呈逆时针方向旋转飞翔。顶部以外的龛楣、边饰、宝座、地毯、桌围等也装饰有各式图案，如莲荷纹、忍冬纹等植物纹及各式动物纹、祥云纹、规矩纹、星象纹等。当我们仰视那些藻井图案时，目光会从垂幔、边饰一步步向中心推进，几何形纹样组成向上推进的纵伸力量，而自由舒展的花枝纹则构成旋转的力量，这两者相互依赖，相互延伸，构成藻井极具张力的艺术效果。敦煌洞窟的图案普遍地存在于洞窟的柱梁、塑像的妆銮，以及人物的服饰、武器、舆马和家具等各个方面，如同唐代壁画一样，敦煌装饰图案的格调也是明朗艳丽、流利畅快的，与唐代的织锦、陶瓷、铜器、石刻等纹样完全一致，这说明现实生活对敦煌装饰工艺的影响。

北朝石窟的形制一般分为两种，一种是"中心塔柱式"，另一种是"覆斗形顶式"。"中心塔柱式"的石窟平面为纵长方形，窟顶后部为平顶，前部是人字披顶，窟的中央有一方形立柱，方柱四面凿龛供佛。这是一种典型的中国传统的木构庙堂建筑与印度"支提式"石窟相混合的窟形。窟内的图案根据这种建筑形式进行分布装饰。窟顶后部的图案模仿平棋，窟顶前部的图案模仿起脊屋架的枋、椽、斗拱及其彩绘。北魏之后，中心塔柱式窟逐渐演变为覆斗形顶式窟，即石窟平面呈方形，窟顶如一倒斗形状，正中凿一龛供佛。窟形的变化，先期那种连续方井式的平棋图案，也演变为单一方井式的藻井图案，窟顶与四壁的边饰也失去建筑的意义，而成为纯粹的装饰了。

初唐的图案主要是藻井和边饰，井内的莲花多以桃形莲瓣纹与云头纹、叶形纹组合而成，花形呈放射状。井外边饰层次较纹花叶纤细，叶纹微卷，茎蔓多由云头长叶连续拼接而成，团花多以桃形莲瓣纹与云头小叶组合而成，花中多留空地，纹样比较疏朗，图案纹样的特征也很明显，总之是秀丽活泼、明快洒脱。到了盛唐，藻井、边饰和圆光的纹样组合发展到一个新的高峰，藻井作为窟顶部华盖形式，结构形式已基本定型，最典型的方式是：井心莲花、井外边饰和垂幔组成藻井，井心的莲花层次繁复华丽，井外边饰纹样以卷草、团花、半团花为主，垂幔的纹样简略。卷草纹变为多茎多叶，叶纹翻转卷曲，日渐繁丽。展开后可以作为边饰，环形相连就成了圆光。团花纹的层次增多，形象丰富，有桃形莲瓣团花，多裂叶形团花、圆叶形团花以及三种花形团花。唐代装饰图案在色调上除吸收了隋代的风格以外，在色彩的运用上更加丰富。在初唐、盛唐时期，在红色调的运用上除了红外，增加朱砂、大红等同色系不同色相的色彩；除石青、石绿的运用之外，又增加了不同色度的土黄色。在增加色相的同时，在色彩的运用上也更加多样，特别是不同层次的退晕法表现，使画面中的色彩更加丰富，利用浅色层的边上加勾白线和深色层边缘的黑线，增加色彩的立体感，使色彩之间相互的关系变得更有层次，整体上呈现出淳厚富丽的效果。为了营造出一种金碧辉煌的装饰效果，工匠们在图案的重点局部贴金，显示出辉煌宏丽、金碧辉煌的艺术风格。盛唐以后

花鸟纹饰布（残片）
唐朝时期的绢丝刺绣。高 23.4 厘米，宽 91.7 厘米，出土于中国甘肃敦煌莫高窟第 17 窟，英国伦敦大英博物馆藏。图案是在乳白色绫绢上刺绣而成的，小鸟是用卷有金线的丝绣成的

的装饰形式和色调随着石窟壁画和彩塑的整体风格演变，相应地变得单一，主色调除石青绿以外，浅土黄、土红及赭石色，也是这个时期常用的色彩。有意思的是，到了唐代，敦煌的图案纹样逐渐以植物形象为主，早期以龙虎动物为中心的图案逐渐退出壁画，这些植物纹的图案从自然的植物中脱胎而来，唐代的工匠从大自然中攫取素材，在装饰上加以组合，使自然纹样呈现出和谐统一的画面，实现均衡与冲突相结合、动势与静态相结合的目的。唐代的图案纹样以旋转自如的藤蔓、卷草、花叶为主，纹样构成无论是花叶还是枝蔓，都充满动感的节奏韵律。我们现在在敦煌可以看到长达二三丈的边饰，如此长的纹饰竟然是由工匠们一气呵成地通过蜿蜒卷曲的藤蔓图案来实现的，这些不同姿态的花叶果实，行云流水，流畅自然，充满生命力。初唐时期，敦煌石窟中的图案沿袭了隋代所常用的细线镂金描画的方法，到后期，线条开始变粗，但却更加雍容华贵。

中唐时期的藻井、圆光和边饰的图案以茶花纹样、祥禽瑞兽纹为主，佛龛顶部的平棋图案是一大特点，其四周纹饰以石榴卷草、回纹、

菱形纹为主，间有小团花、方胜纹、云头纹。卷草纹变为叶形宽大、少茎蔓、夹画频迦鸟的新纹样。晚唐时期延续了中唐的图案，但藻井的图案变得程式化了，井心纹样以祥禽瑞兽莲花纹为主，边饰有卷草、团花、回纹，但较前简化了。图案纹样中，卷草纹由于装饰的部位不同，也各有变化。凤鸟卷草纹，颇有盛、中唐之际的气势，藻井中的卷草纹多与石榴、茶花纹相组合，经变画中的卷草纹，多无茎无花，只是叶纹自身反转卷曲的连续。

从图案纹样本身来看。唐代敦煌石窟的图案纹样是由母体纹组合而成的复合纹样，主要有桃形莲瓣纹、云头莲瓣纹、叶形莲瓣纹、石榴卷草纹。桃形莲瓣纹的外形如桃子，剖面像未开之花蕾。这类纹样内多以叶形纹、去头纹为花蕊，组成完全的桃形莲瓣形象，是唐代时期图案中构成莲花纹样最基本的单位纹样。云头瓣纹多是由云头纹与叶形纹组合而成，外形椭圆，两端回卷如花蒂、托以叶形花，是唐代前期图案中构成团花的最基本的纹样之一。这种团花还也可以成为联结单位纹样的花饰。叶形莲瓣纹依其自身的变化成为多种形象，有多裂叶形、圆叶形、方叶形、卷叶形，可以为花，也可以做叶。圆叶形莲瓣纹是唐代前期藻井井心莲花构成的基本纹样，方形莲瓣纹是唐代后期团花构成的基本纹样。石榴卷草纹是由长叶形纹、忍冬纹、云头纹合成的纹样，有的纹样中夹画一石榴纹，是卷草纹的基本单位纹样。单位纹样组合的形式有三个类型：圆形适合纹、带状连续纹、四方连续纹。圆形适合纹主要用于藻井井心纹饰和圆光纹饰部分，一般都是由多种纹样混合而成。带状连续纹主要有散点、几何、叠鳞、波状等形式，呈散点状。波状连续纹主要是卷草纹边饰，有自由式和规则式两种。自由式的花形作自由散点布局，以茎蔓作波状串联。规则式的花形作等距定位，以茎蔓作波状分枝回卷式连续。几何连续纹有方璧纹、方胜纹、菱形纹、回纹、龟甲纹等。叠鳞式连续纹是一种同一花形反复连续纹，借助色彩表现节奏变化。四方连续纹，即一组纹样向四面扩展延伸的形式，主要装饰在佛龛的基部，结构为棋格式。总之，唐代敦煌洞窟的装饰图案变化丰富，其简单的母体在无穷的组合方式中，焕发出令人炫目的繁复和富丽风采。

五代、宋、西夏时期的装饰风格与壁画相一致，其特点是色彩上以大面积石绿为主色，配以深熟褐和黑色，形成明暗度反差较大的对比色调。宋以后的装饰上出现了较多由如意头组成的莲花团花和回纹。藻井中心出现了团龙，边缘的图案中有凤鸟的图案和波浪纹枝干花纹。

窟檐内部的彩画及纹饰
宋朝时期的敦煌莫高窟第431窟窟檐内部的彩画及纹饰

西夏时期的藻井图案出现了宋瓷上常用的"宝相花"纹饰，用赭石色的线条统一勾勒，再饰以联珠纹白点。元代以后，敦煌石窟的壁画出现了表现密宗佛教的内容，但绘制方法和装饰风格与过去相比，都有了较大的变化。从技法上看，壁画敷色不再用粉色，而是采用了西域特点的湿壁画法。莫高窟第3窟是元代晚期最重要的代表窟，是敦煌现存唯一以观音为主题的洞窟。全窟由沙泥壁面做成，上壁面上敷有薄粉，用湿壁画法绘成，壁面的制作符合宋代《营造法式》一书中所记载的方法。窟顶为覆斗顶，用浮雕的形式塑成四龙藻井，四披画有团花联泉纹的图案。西壁开有盝顶帐形龛，龛顶画有团花图案，四披画有云头、回纹、卷草、联珠纹等边饰。元代的壁画与前代相比，在数量上也有了很大的减少，这也从另一个方面说明元代以后敦煌壁画的衰落。

无论是壁画、彩塑还是装饰工艺，都是敦煌艺术的不可分割的一部分，常书鸿先生在《敦煌图案》一文中说："敦煌艺术遗产，是第4世纪到第14世纪中我国劳动人民的集体创作。通过建筑、雕塑、绘画三种造型艺术的形式，它们互相关联、互相辉映。而图案艺术，则是介于三者之间的一种装饰艺术，具有谐和而强烈的艺术风格。"装饰艺术不仅是敦煌艺术的重要组成部分，还是可以独立于彩塑和壁画之外的一种新的艺术形式，因此，不可或缺，更不可轻视。早在20世纪初，就有不少学者和艺术家开始研究敦煌的图案纹样。林徽因在20世纪50年代所著的《敦煌边饰初步研究》一文中，对敦煌装饰艺术的历史进行了梳理和阐释。她将装饰图案比作新枝，认为对它的研究是一个重大的问题。而且她还说，这个新枝由南北朝到隋唐，迅速地生长繁殖，充满了活力，若加以研究，必定能够发现和解决敦煌艺术研究中的不少关键问题，比如图案花纹的本土传统的根底和新进来的艺术形式是如何融合的，古代艺人们是如何将许多异域的新因素部分地吸收进来，并加以创新的。

对于敦煌洞窟的装饰工艺，常沙娜也做了深入的研究，在她所编著的《中国敦煌历代装饰图案》中，将林徽因的两种理论主张和思想进一步作了发挥。她认为，装饰图案在敦煌石窟艺术中具有相当重要的地位，通过这些精彩绝伦的装饰图案，人们得以了解敦煌艺术1000多年的历程，同时也可以看出古代建筑、染织、服饰、佩饰等诸方面的装饰风格及制作工艺的发展变化，还可以由此看到当时中国与西域各国通过丝绸之路进行的一系列经济、文化、宗教的交往，以及中西文化艺术上相互的影响和融合发展的关系。

就装饰艺术而言，敦煌石窟中现存的装饰工艺是中国装饰艺术宝库的一部分，也是最重要的一部分。对敦煌洞窟中难以计数的图文纹样的研究和保护，对研究中国千年来的艺术发展有着不可替代的重要意义。

小知识◎林徽因

林徽因（1904～1955年），生于浙江杭州，现代著名的建筑学家和作家，是中国第一位女性建筑学家，同时也被胡适誉为中国一代才女。20世纪30年代初，林徽因与丈夫梁思成用现代科学方法研究中国古代建筑，成为这个学术领域的开拓者，后来在这方面获得了巨大的学术成就，为中国古代建筑研究奠定了坚实的科学基础。

五 皇皇巨著

在1000多年的弘扬佛法与收录整理中，敦煌收集了数以万计的宗教经典，包括5世纪至11世纪六七百年间的珍贵文献。其中，大部分汉文写本写于中唐至宋初，除了佛典和其他宗教文献外，还有医药天文、公私档案等，总数在6万件以上。这些1000多年以前的古抄本，比起现代流通的各种藏经，更接近诸经之原貌，因此具有较大的校勘价值。其中在唐代官府组织下所写经文是经过京城各寺的高僧大德反复校对过的，格式严谨，没有任何错字，堪称稀世珍宝。

1. 藏经洞

1900年,八国联军入侵中国,慈禧带着光绪皇帝仓皇逃离北京。此时的敦煌,破落不堪,人烟稀少,一个叫王圆箓的道士守在这里。这个王道士原本是一个军卒,后来当了道士。尽管王道士信奉道教,但对玄奘却顶礼膜拜。他到敦煌后,被官府派遣负责看守佛教的洞窟。谁也想不到,这个瘦小而固执的道士,竟然发现了一个令世界震惊的秘密。

王道士

对于敦煌藏经洞的发现,有几个版本的故事,其中,较为普遍的说法是抄经人的发现。1900年5月,敦煌天气十分炎热。一天,一位姓杨的抄经人为躲避炎热,就将抄经的桌子搬进了凉爽的洞窟内,这就是第16号洞窟。第16号窟是一个僧人修建的,僧人去世后,他的弟子为他塑了一尊像,塑像放置在一个壁画前面,壁画上饰有精美的图案,其中有一棵菩提树。据说,因为姓杨的抄经人喜欢吸旱烟,在

王圆箓道士
20世纪初，王圆箓道士是敦煌莫高窟下寺道观的住持。1900年6月22日，王道士在莫高窟第288洞窟的甬道中，发现"藏经洞"，洞内文物有写本、刻本与刺绣作品等，共计4万多件

抄经的时候就常常吸着烟提神，那个时候点旱烟用的是一种草秆，草秆用过之后插进墙缝里留着下次再用。就在26号这天，这个抄经人像往常一样把草秆插进墙里，不过，他突然发现，长长的草秆竟然一下子全部插进去了。于是，他用手敲敲墙壁，发现里面是空的。王道士闻讯后，连忙赶来，两人一起揭开墙皮，一个用土块封砌的小门出现在他们眼前，震惊世界的藏经洞就这样被发现了。在这座仅仅3平方米的小石室里，堆放着数万卷极为珍贵的各代经书，上千幅精美的图画，内容除经、史、子、集之外，还有大量地方文献，如数学、地理、历史、政治、贸易、哲学、军事、民族、民俗、音乐、舞蹈、文学、语言、音韵、名籍、账册、函状、表启、类书、书法、医学、兽医、工艺、体育、水利、翻译、曲艺、占卜书等，广泛反映了中古社会的

敦煌古籍
民国时期在敦煌发现的古籍。民国时期,很多敦煌古籍流失散落,不知所踪

各个方面,是研究中古社会生活的重要资料。

  王道士是一个道士,但也是一个虔诚的教徒,尽管他并不太懂藏经洞里的文物,却隐约感到有些不一般。因此,他就请了很多当地乡绅富豪参观,不过还是没有人能说出个所以然。王道士赶往敦煌县城,找到县令严泽,并奉送了取自藏经洞的两卷经文,但这位知县并不识货,王道士无奈返回。时隔3年之后,敦煌县的新任县令汪宗翰得知此事,便命王道士取一些来看,看过后,他觉得这并非一般的经卷,应该是古代的文物,但是他也并未特别加以注意,只是让王道士封存了藏经洞,自己拿了一些经卷当作礼品,在官场上结交权贵,其中有一幅宋代的水月观音像和两卷经书被甘肃学台叶昌炽得到。叶昌炽对古物有很深的研究,他看后,觉得这是价值连城的珍贵文物,连忙筹划将这些珍宝全部运到兰州保存,可是由于当时国库空虚,再加上官

五 皇皇巨著 | 107

场腐败，根本无法筹集五六千两银子的运送费，只好下令敦煌县官员，把这些文物原地封存，王道士奉知县之命再次封闭了藏经洞。

盗宝者

尽管藏经洞被王道士用泥块封闭了，但敦煌莫高窟存有无价之宝的消息却不胫而走。这对那些在晚清时期逗留在中国，希望在这里获得某种利益的外国"探险家"们无疑是极大的诱惑，于是，他们打着考察的幌子闻讯而来。第一个来到敦煌的外国人名叫斯坦因，他原本

寺庙前停放的英国探险家斯坦因的行李车

图为20世纪初，敦煌县城的寺庙前停放的英国探险家斯坦因的行李车。斯坦因是英国考古探险家，第一个从莫高窟道士王圆箓手中攫取了宝藏。此行是他两次攫取宝藏的行程之一

是匈牙利人，后来加入了英国国籍。斯坦因对东方文化非常感兴趣，也很有研究。他是个典型的盗掠者，在去敦煌之前，他就在英国和印度政府的支持下，在新疆等地进行了三次"考察"，掠走了许多文物。藏经洞发现文物的消息一传到他的耳朵，他就立刻带着翻译前往敦煌。1907年，他到达敦煌。刚一开始，王道士对他还很戒备，没有答应斯坦因进入藏经洞的请求。狡诈的斯坦因没有死心，他在莫高窟支起帐篷，准备长期停留在这里。他装作对藏经洞文物不感兴趣，并开始考察石窟，拍摄壁画和塑像的照片，将交涉的事情交给翻译蒋孝琬来办。很快，斯坦因找到了办法，他得知王道士最崇拜玄奘，就对王道士说他最崇拜玄奘法师，他就是在玄奘精神的鼓舞下一路沿着玄奘走过的道路来到敦煌的，他要把唐僧取来的经文再送回印度。为了进一步得到王道士的信任，他还把自己打扮成虔诚的佛教徒。在斯坦因百般劝诱并拿出一些白银后，王道士终于心动了。他重新打开了藏经洞，让这个盗宝者进入了里面。斯坦因看到满室的经卷，顿时惊呆了。为了不被人发现，他和翻译蒋孝琬在夜间进入了藏经洞，在里面大肆掠夺。在连续盗宝7个晚上之后，他们慌慌张张地将24箱敦煌写本近万卷的经卷、5大箱约500幅绢画和丝织品运走了。为了能将这些文物带走，斯坦因一共雇了40多头骆驼。1914年，斯坦因又和王道士达成秘密协议，王道士又拿出了私藏下来的几百卷写本，卖给了斯坦因，使斯坦因又得到了整整4大箱的写本文书，再加上斯坦因在当地收购所得，一共约5大箱600余卷。这些被斯坦因盗窃的经卷，一部分留在印度，但大部分运回英国，现存于大英博物馆。

斯坦因的掠夺引来了其他的盗宝者。1908年2月，法国探险家伯希和来到敦煌。与斯坦因不同，他是位汉学家，流利的汉语很快就博得了王道士的好感，在得到王道士的同意后，他进入藏经洞，在这里，他看到了令人惊叹的宝藏。在此后的3个星期中,伯希和在藏经洞中,借助昏暗的烛光,以每天翻检1000卷的速度,疯狂地进行挑选,他把这些经卷分成两堆,一堆是最有价值的文献,其标准是:一是要标有年代的,二是要普通大藏经之外的各种文献,三是要汉文之外的各种民族文字材料。这堆写本是不惜一切代价都要得到的。另外一堆则是价值不高的经卷,如果难以带出太多,这些就可以舍弃。在连续不停工作了3个星期之后,他以600两白银的代价骗走了精品中的6600卷经卷,200余幅绢画,20余件木雕,还有若干丝织品,共计10000余件。尽管在数量上少于斯坦因,但他所挑选的经卷画作大多是精品,因而其文化价值有过之而无不及。伯希和将这些珍宝装满了10辆车运回法国,现存在巴黎国民图书馆内。

在前往敦煌盗宝的外国人中,最为野蛮和无耻的是美国人华尔纳。1924年,他率领哈佛大学考古队来到敦煌时,藏经洞已是空空如也。华尔纳在送给王道士一些礼物后,就径直进入洞窟,以拙劣而粗野的方式疯狂地盗取壁画,他用特制的胶布,把涂有黏着剂的胶布片粘在壁画表层,逐一剥落了莫高窟第335、321、329、323、320窟等窟的唐代壁画精品26块。由于这种方法不科学且十分简单,导致壁画受到严重摧残,而他在敦煌盗割剥离的壁画因保护技术的失败,也完全成为碎片,给敦煌的文物造成了不可复原的损失。次年,当他打着与中国的大学合作的幌子再次来到敦煌,企图把敦煌全部壁画盗走时,遭到当地人的强烈反对,王道士在百姓的谴责下,也不得不阻止这位强盗令人发指的行为。当地民众组织了一队人专门监视考察团的行动,在严密的监视下,考察团不得不草草结束考察活动离开敦煌。

从1900年藏经洞被发现到1924年,敦煌洞窟中所遗留的珍宝遭到了毁灭性的损毁和失散。为了弥补损失,清政府学部在1909年拨付库银6000两，令敦煌县交出剩余的经书，并让甘肃布政使何彦升押运送京，交京师图书馆（今中国国家图书馆）收藏。然而，对官府失去信任的王道士在衙门差人到来之前，在剩下的写本中挑选出较好的转移收藏起来。因此，在那些官员们到来之前，敦煌洞窟中的完整经本已经所剩无几了。即便是这样，这些衙门的老爷们仍没有加以重视，他们甚至根本没有把藏经洞文献收拾干净。在送押的途中，由于保护不善，又遗失或者被偷盗了一些。更为可气的是，这些劫后余生的写本被运进京城之后，押运官何彦升为中饱私囊，把这些经卷直接拉回家，和自己的亲友李盛铎、刘廷琛等人从中挑选上好的写本据为己有，最后才将剩余的9000多卷经书交给学部。这些历经劫难的剩余写本被京师图书馆收藏，成为现在中国国家图书馆所藏敦煌遗书的主要部分。

何彦升所藏的经卷后来被卖给了日本京都藤井氏有邻馆；李家的藏品一部分被南京国立中央图书馆收藏（现在被收藏在台北），其他的大部分被转售给日本人了。王道士藏起来的那些写本，一部分后来送给了斯坦因，还有一部分在1911年至1912年间被日本大谷探险队的吉川小一郎和橘瑞超买走，总数也有数百卷。大谷探险队的成员没有经过考古学的训练，从他们在新疆盗掘古墓的行径来看，他们也不是虔诚的佛教徒。他们得到敦煌写本后，没有进行科学的保护，既没有进行编目，也没有马上放入博物馆保存，以致后来流散各地，有些甚至不知所终。

最后一个来藏经洞盗宝的是俄国的奥登堡，他是沙皇时期的佛学家，在1914年至1915年间，率领俄国考察队来敦煌活动。他们测绘了莫高窟400多个窟的平面图，拍摄了不少照片。他们到达敦煌时，藏经洞已经空空如也了，但他们并不死心，于是在藏经洞里大肆挖掘，结果也有不少收获，虽然多是碎片，但总数10000件的数量已经使他们欣喜若狂了。奥登堡将这些残碎写本带回了俄国，现在收藏在俄罗斯科学院东方学研究所彼得格勒分所。时至今日，敦煌文物大部分都还流散在英、法、日、俄、美等国的公私收藏中，存留于国内的仅是很少的一部分。1910年，傅宝书将8697件写本从敦煌带到北京，这批遗书是中国国家图书馆敦煌遗书收藏的主体部分。后经政府调拨、社会捐赠、本馆采购，迄今为止总数目约16000件左右。

作为中国文化的珍贵遗产，敦煌所遭受的损毁是无法估量的，这座世界闻名的巨大宝库，如今已经变得异常贫瘠，以至于有外国人说：敦煌在中国，而敦煌学在外国。而国学大师陈寅恪先生则说："敦煌者，吾国学术之伤心史也。"诚如斯言。

小知识◎陈寅恪

> 陈寅恪（1890～1969年），字鹤寿，江西修水人，当代国学大师。主治中国中古民族文化史和唐史，博通多种语言文字，对宗教史、魏晋南北朝史、蒙古史、敦煌学以及梵文、突厥文、西夏文等古文字和佛教经典均有独到精湛的研究，被誉为"教授之中的教授"。

2. 宗教经典

在 6 万卷的珍贵抄写本中，宗教典籍占大多数，内容十分广泛，包括经、律、论、疏释、赞文、陀罗尼、发愿文等，尤以各种疏、释的数量最多。出于宗教的虔诚，当时的人们抄写佛经对书写和纸张都十分讲究，宫廷的写经，更是精益求精。在这些写经中，《金刚经》《妙法莲华经》之类的复本很多，也还有一些是中土已佚的经卷，如隋唐时被取缔的佛教宗派三阶教典籍，以及一批疑似伪经的本子等。三阶教是北周末僧人信行创建的佛教宗派，其典籍在隋文帝至唐玄宗期间几次遭到禁毁。至北宋初年，三阶教终于销声匿迹，其典籍也大多散佚，敦煌保存的三阶教典籍为了解信行的生平与思想以及隋唐时期三阶教的活动、思想提供了重要资料。疑伪经是历代佛经整理中被佛教徒遗弃和毁坏的经本，历史上流行的大部分疑伪经大都失传了，敦煌保存的疑伪经为我们了解当时民间的信仰和习俗提供了重要的资料。

除佛典外，还发现了另外几种宗教典籍，其中有道教卷本 500 件以上，包括北朝写本《老子道德经想尔注》以及《老子化胡经》等已经散佚的道经；关于摩尼教的，有《摩尼光佛教法仪略》等；关于景

《金刚经》卷首插画（局部）
此插画描绘了佛陀与弟子须菩提交谈的场景。《金刚经》，全称《能断金刚般若波罗蜜经》，是中国禅宗南宗的立宗典据。此卷全长5米，宽2.7米，是世界上现存最早的雕版印刷品。1900年在敦煌莫高窟藏经洞被发现，唐咸通九年（868年）印刷，现藏于英国大英图书馆

教的，有《大秦景教三威蒙度赞》等。在这些宗教典籍中，有一部分是久已散佚的经典，对我们研究古代宗教具有补缺、辑佚之功。而另一部分虽是传世文献所已有的，但为从事校勘订补工作提供了难得的版本。这些佚经的发现，推动了东西学者对于道教、摩尼教、景教的研究。

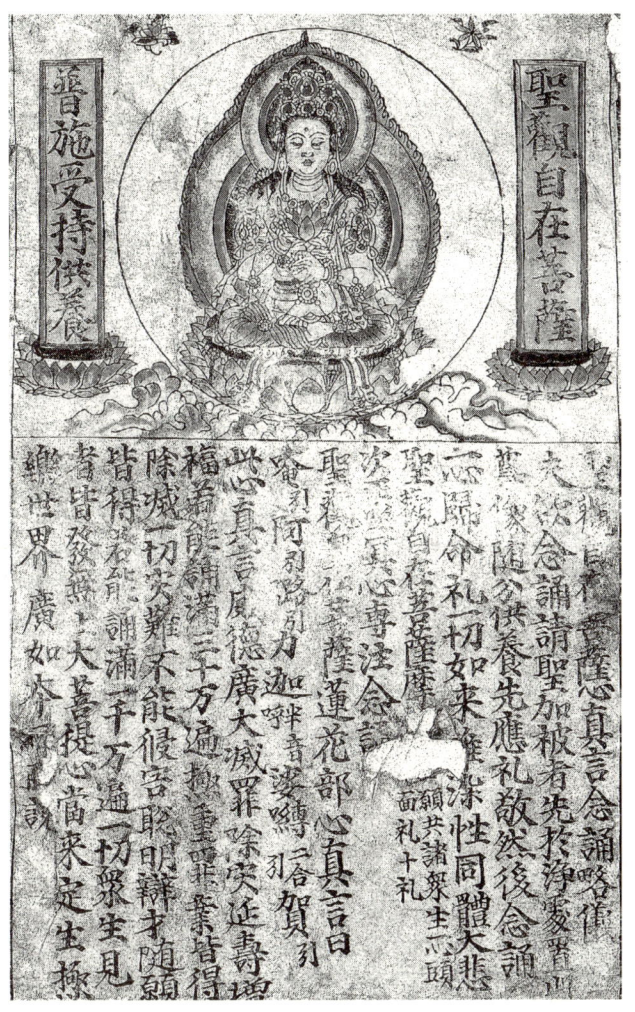

《观世音菩萨像》
五代（10世纪中期）时期版画。纸、木版墨印，淡彩，纵39.9厘米、横17厘米，出自甘肃敦煌石窟藏经洞（第17窟）

3. 医药天文

敦煌经典中关于医药的典籍有70多种，包括医经诊法、医药医方、针灸药物等方面的典籍。其中，医经诊法有《针经》《伤寒杂病论》《张仲景五脏论》等，医药医方有《杂疗病药方》《唐人选方》《单药方》等，针灸药物有《灸法图》《灸经明堂》《本草经集注》等。尽管这些典籍很多是残缺的，但还是极大地丰富了古代医学典籍。隋唐、五代时期，中国的医药著述繁多，但由于各种原因，宋代以后，这些医药著述大多陆续散失，敦煌保存的医药典籍很大程度上弥补了唐、五代医药典籍传世太少的缺憾。此外，敦煌的医药文献中还保存了一批从未见于著录的古医籍和古医方，如《玄感脉经》《青乌子脉诀》等，总数达到1000多方，多为经过中古时期医家验证的药方，除了具有很强的医药价值外，还具有重要的版本价值和文物价值。

在敦煌的天文历法文献中，有一部分是关于天象观测的，如《二十八宿次位经》《玄象诗》《全天星图》《三家星经》等。《三家星经》是战国时代就出现的星宿观测记录，后来失传，所幸敦煌保存了这件现存最早的用文字表现星宿的星表。《全天星图》绘于唐代，

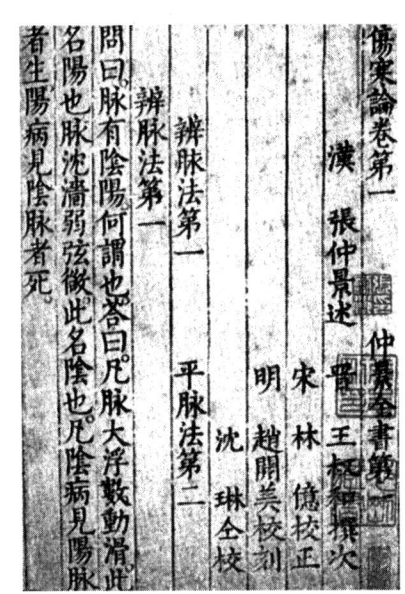

明万历刻本《伤寒论》
《伤寒论》为我国第一部临床医学巨著,东汉张仲景编

是当时北半球所能看到的且被古代天文学家著录过的全天星象。敦煌保存的历法文献共有50多件,多为残缺本,其中最早的是450年的《北魏太平真君十一年、十二年历日》,最晚的是993年的《宋淳化四年癸巳岁具注历日》。除了这些官府颁布的历日之外,敦煌的历法文献中最多的是自编的历日。安史之乱以后,吐蕃占据敦煌等地,中央政府颁布的历日被停用,直到归义军驱除吐蕃后,敦煌地区仍沿用自编的历日。这些历日实物为学者了解古代历日的具体情况提供了珍贵的原始资料。在中国古代的史籍中,关于历法的记述大多以计算数据和计算方法为主,留存下来的最早历法实物是1256年的《南宋宝祐四年会天万年具注历》。在敦煌留存的50多件历日从北魏到北宋,跨度长达500多年,既有政府颁布的历日,也有民间的"小历",更多的是

敦煌自编的历日,这些实物在很大程度上弥补了中古时期历日文献资料不足的遗憾。

4. 官私档案

在敦煌的典籍中，世俗文献约占20%，数量虽少，但其学术价值比宗教典籍更大。其种类除传统的经、史、子、集之外，还有大量地方文献。以内容来分，有数学、地理、历史、政治、贸易、哲学、军事、民族、民俗、音乐、舞蹈、文学、语言、音韵、名籍、账册、函状、表启、类书、书法、医学、兽医、工艺、体育、水利、翻译、曲艺、占卜书等，广泛反映了中古社会的各个方面，是研究中古社会生活的重要资料。

在这些文献当中，大量的"官私文书"是极具价值的文献史料。"官文书"有符、牒、状、帖、榜文、判辞、过所、公验、度牒、告身、籍账等，还有与户部、刑部、兵部相关的文书片断。这些官方文书为研究当时的社会状况提供了极有价值的史料，如《河西节度使判集》有助于对安史之乱后河西政治经济状况的研究；《沙州进奏院上本使状》及与归义军节度使相关的文书，使晚唐、五代沙州的历史面貌重新明朗；而军制、市制、屯田、长行马等有关文书，则使学者可以对当时的各种制度进行考察；唐天宝年间的《敦煌郡敦煌县差科簿》为唐前期杂色、徭役等问题的研究提供了珍贵材料。

"私文书"有契卷、社司转帖、账历、书牍、分家产文书、遗书等，其中租佃契、地契、借贷契、买卖契、雇佣契等对于研究唐、五代及宋初劳动者身份地位以及租佃关系、高利贷经营方面的问题，都是第一手资料。寺院文书是官私文书的一个分支，有500件以上。如僧官告身、度牒、戒牒、僧尼籍、转经历、追福疏、诸色入破历、器物名籍以及各种契约等，都是研究敦煌教团政治经济结构的绝好材料。

六 今天的敦煌及其保护

对敦煌的保护在晚清一直没有得到足够的重视，造成珍贵文物的大量流失。直到敦煌遗书被发现并成为学者研究的热点后，才引起广泛的关注，并成为一门为世界学者所关注的学问——敦煌学。学者罗振玉、陈垣、向达、罗福长、王重民纷纷撰文并著书立说，广搜国内外敦煌遗书进行整理与考证。清朝覆灭后，对敦煌的保护逐渐得到政府部门的支持，但由于二战爆发，本来就不足的保护更显得薄弱。在此情形下，一些有志之士毅然奔赴敦煌，以一己之力，为敦煌的保护奉献自己的力量。1941年3月，画家张大千历经数月风尘到达敦煌，

张大千临摹的敦煌壁画
现藏于四川博物院。1941年，张大千到达敦煌，在此后将近3年的时间里，张大千临摹敦煌壁画、修缮石窟前的栈道、清理流沙。至今，敦煌石窟依然保留着他当年为石窟编号的墨迹

他在敦煌用两年零七个月的时间写成了20多万字的《敦煌石室记》，临摹壁画260余幅，还为敦煌各洞窟进行了编号，现在我们还可以看到他当年留下的墨迹。此后不久，曾留学法国的油画家常书鸿为敦煌洞窟中的艺术瑰宝所震撼，决心将毕生奉献给敦煌艺术的研究和保护，1944年，他建立了敦煌艺术研究所并任第一任所长。尽管这些具有强烈民族意识和极高艺术修养的艺术家为敦煌艺术的保护立下汗马功劳，但由于当时的社会现实，很难对敦煌真正进行强有力的保护，直到新中国成立后，对敦煌的保护才真正开展起来。

常书鸿是国立敦煌艺术研究所第一任所长，是敦煌石窟保护与研究的奠基人，在他的带领下，敦煌保护事业在千疮百孔和"一穷二白"中起步。由于正处在新中国成立前夕，受人力、财力所限，当时所做的一些保护工作基本上只能达到一定的看守作用。1950年，国家将国立敦煌艺术研究所改名为敦煌文物研究所，开始了对敦煌石窟文物的保护和研究，并于1961年确定敦煌石窟为首批全国重点文物保护单位，常书鸿依然担任所长，从此，他在这个千年的艺术宝库中度过了自己的大半生。常书鸿40年的艰苦工作，为中国对敦煌的系统研究和保护建立了不朽功勋。1961年，敦煌莫高窟被列为国家级文物保护单位。从1963年到1966年，国家先后三期完成了敦煌莫高窟576米崖面和354个洞窟的维修加固。1963年，莫高窟历史上最大的抢险加固工程正式开工，周恩来总理亲自批准拨付100万元作为专项资金。对1250多平方米濒临脱落的壁画进行了边沿加固，对260多身倾倒和骨架腐朽的彩塑进行了抢救，对莫高窟的象征性建筑9层楼进行了维修，对敦煌石窟的重要组成部分西千佛洞进行了加固等。作为不可再生资源，敦煌壁画、彩塑等都面临着文物脆弱、保护艰巨等问题，为了使这一优秀遗产得到更好的保存，科学技术成了延缓敦煌遗产衰老的重要手段。

　　1983年,中国敦煌吐鲁番学会的成立为敦煌的研究和保护增添了新的力量。1984年,扩建后的敦煌文物研究所改名为敦煌研究院,段文杰任院长;这一年,国家投资完成了莫高窟南区南段26个洞窟和172米崖面的加固工程。1987年,敦煌莫高窟被联合国教科文组织列入"世界文化遗产"名录;同年日本人青山庆示向敦煌研究院捐赠了8件敦煌文物,这是流失海外的藏经洞文物首次归还我国。1988年,国家文物局、敦煌研究院、美国盖蒂保护所签订保护敦煌莫高窟国际合作项目;同年与日本东京国立文化财研究所也签订合作保护项目。1993年,敦煌研究院与美国盖蒂保护研究所、中国文物研究所联合举办了首届"丝绸之路古遗址保护国际学术会议"。1998年,敦煌研究院与兰州大学敦煌学研究所合作,申请并通过了我国第一个敦煌学博士学位授予点。1999年至2002年,敦煌研究院与美国盖蒂保护研究所、澳大利亚遗产委员会合作,制定了《敦煌莫高窟保护与管理总体规划》。2000年,"藏经洞文物发现暨敦煌学百年"纪念活动在北京举行,这预示着中国敦煌的研究和保护达到一个新的高峰。2001年,敦煌研究院与兰州大学地质系联合创办我国第一个文物保护研究中心。2002年,《甘肃省敦煌莫高窟保护条例》被甘肃省人大常委会审议并通过,2003年3月1日正式实施。2008年12月29日,总投资2.61亿元的莫高窟保护利用工程获国家发改委的批复立项开工,这是莫高窟文物保护史上规模最大、涉及面最广的一项综合性保护工程,工程包括保护利用设施、崖体加固及栈道、风沙防护、安防等。在学术方面,近年来,中国的敦煌学研究成绩显著,仅通过查阅国家图书馆的书目就可以发现,20世纪90年代以来有关敦煌学的研究著述已达数十种,其中如《敦煌愿文集》《敦煌天文历法辑校》《敦煌艺术叙录》《敦煌石窟内容总录》《敦煌吐鲁番研究》《敦煌佛教经录辑校》等，都是卓有成就的专著。

值得注意的是，敦煌保护还面临沙化严重和游客过多以及后备人才缺乏的问题。但是，敦煌的保护和持续研究的社会环境和文化环境都较之以往大大改善，在各界的关注和保护下，在有识之士的推动下，敦煌艺术必将迎来更加美好的未来。

图书在版编目(CIP)数据

天上人间：敦煌艺术 / 陈明著. — 郑州：中州古籍出版社，
2015.3
（华夏文库）
ISBN 978-7-5348-4609-0

Ⅰ.①天… Ⅱ.①陈… Ⅲ.①敦煌学－艺术美学 Ⅳ.①K870.6

中国版本图书馆CIP数据核字（2014）第003530号

华夏文库·佛教书系
天上人间：敦煌艺术

总 策 划	耿相新　郭孟良
项目统筹	单占生　萧　红（执行）
责任编辑	岳鸳鸯
责任校对	牛冰岩
美术编辑	王　歌
版式设计	曾晶晶
封面设计	新海岸设计中心
责任印制	刘新毅

出　版	中州古籍出版社
	地址：河南省郑州市经五路66号
	邮编：450002
	电话：0371-65788693
经　销	新华书店
印　刷	河南新华印刷集团有限公司
版　次	2015年3月第1版
印　次	2015年3月第1次印刷
开　本	960毫米×640毫米　1/16
印　张	8.25印张
字　数	100千字
印　数	1-3000册
定　价	22.00元

本书如有印装质量问题，由承印厂负责调换